中井孝幸・川島宏・柳瀬寛夫 共著
NAKAI TAKAYUKI, KAWASHIMA HIROSHI, YANASE HIROO

図書館施設論

JLA図書館情報学
テキストシリーズⅢ

12

日本図書館協会

TEXTBOOK SERIES Ⅲ

Library Building and Facilities

(*JLA Textbook Series of Library and Information Studies Ⅲ ; 12*)

図書館施設論 ／ 中井孝幸・川島宏・柳瀬寛夫共著. － 東京 ： 日本図書館協会,
2020. － 158p ； 26cm. － (JLA 図書館情報学テキストシリーズⅢ ／ 塩見昇 [ほか]
編 ； 12). － ISBN978-4-8204-1917-4

t1. トショカン シセツロン t2. ジェイエルエイ トショカンジョウホウガク テキスト
シリーズ 11 a1. ナカイ, タカユキ a2. カワシマ, ヒロシ a3. ヤナセ, ヒロオ
s1. 図書館建築 ①012

テキストシリーズⅢ刊行にあたって

　情報と資料の専門機関として，地域社会の経済，教育，文化にかかわる多様な課題に応える図書館活動を創造するためには，それに携わる人材の育成が欠かせない。しかも，先人の叡智を尊重し，現代のニーズに対応し，将来の発展を見据える能力が求められる。また，世界規模での連携や協同をも視野に収めて行動する力量が期待される。こうした人材の要となる司書を養成する教育の基礎課程が，図書館法に謳われ，図書館法施行規則に明示された「図書館に関する科目」である。

　日本図書館協会は，1997年の図書館法施行規則改正に基づき，司書養成教育の充実に向け，本格的なテキストブックの刊行を開始した。当時の課程は，大学で開設される「図書館に関する科目」ではなく，司書講習のためのものであった。しかし，シリーズ編集者は，この改正を「図書館に関する科目」へと展開していく段階の一つであると認識して企画を進めた。テキストブックは順次刊行され11巻を揃えるに至り，扱う題材に応じた改訂や補訂を加えてきた。2007年からは図書館を巡る情勢の変化を反映させ，内容を刷新した「シリーズⅡ」に移行した。これにより，両シリーズを通じて予定した13巻を刊行し，多くの読者の好評を得てきた。

　「シリーズⅢ」は，2008年の図書館法改正に沿って「図書館に関する科目」が2012年度より適用されることを機に，これまでの構想と基調を踏まえながら，全面的な見直しを図ったものである。すなわち，現代および未来の司書養成教育として，日本図書館協会が少なくともこれだけはと考えている内容を取り上げ，教育実践の効果が高まるよう UNIT 方式を導入している。2単位科目を50 UNIT，1単位科目を25 UNIT とし，スタンダードな内容を解説している。また，発展的に扱うことが望まれる内容を option に収めている。これにより，教育の取り組みとの協調が促されることを期待している。その上で，「シリーズⅢ」の新たな試みとして，各巻に UNIT0 を設け，教育課程全体における当該科目の意義を記し，他の科目との関係を示すようにした。教育課程の体系を読者が意識できることが，学習成果を高めることにつながると確信するからである。さらに，養成教育と研修を一貫した過程ととらえ，構成と記述に配慮した。本シリーズが大学の授業教材となるとともに，図書館員のキャリア形成の素材として多面的に活用されることを願っている。

　お気づきの点，ご提言やご批判，ご叱正をいただければ，専門職の技能形成という日本図書館協会の基幹事業にも貢献する。各位のお力添えを賜れば幸甚である。

シリーズ編集者

塩見昇　　柴田正美　　小田光宏　　大谷康晴

は　じ　め　に

　「図書館施設論」は，2012（平成24）年4月1日から「図書館法施行規則」の一部を改正する省令などにより，司書資格取得のために大学で履修すべき「図書館に関する科目」が改正されたことで，「復活」した科目といえる。図書館施設に関する科目は，司書が講習において履修すべき科目として，1950年に「図書館施設」（1単位）に制定され，1968年に「図書館の施設と設備」に改定，1996年の改定の際に一度姿を消したが，2009年に「図書館施設論」として再び定められた。

　私たち建築の分野に身を置くものとして，「図書館施設」が再び注目され，司書資格取得のために復活を果たしたのは素直に喜ばしいことである。図書館学の分野では，図書館を構成する3要素として「図書館職員が75％，図書館資料が20％，施設・設備が5％」とも言われている。建築分野の一人としては，図書館に「建物」はもう少し貢献しているのではないかと強く思っているが，図書館という「活動の器」に関心が高まることはよいことだと考えている。

　ではなぜ，いま図書館施設に関心が高まってきているのか。

　公共図書館では，図書の館外への貸出を目的とした貸出型利用だけではなく，読書や調べものなどをゆったりと館内で滞在しながら行う滞在型利用，そして日々の暮らしやビジネスにおけるさまざまな課題の解決をサポートする課題解決型の取り組みが行われている。また，大学図書館では，アクティブラーニングといったコミュニケーション型の学び方が取り入れられ，個人やグループでの学習や研究活動を支援する「ラーニングコモンズ」が設けられるようになった。

　日常の生活では，インターネットに代表されるICTの進展，スマートフォンなどの携帯端末の普及による情報へのアクセス方法，ICタグによる利用環境のデジタル化も進んでいる。書籍の電子化や電子書籍の登場などから図書館存続の危機感もあり，「場」としての図書館の在り方についても関心が高まってきている。

　また，指定管理者制度による図書館の管理運営やPFI（Private Finance Initiative）などの図書館の整備方式が多様化している。岩手県紫波町でのPPP（Public Private Partnership）による図書館などの施設整備は，コンパクトシティのモデルとされている。一方で，中心市街地での図書館を含む複合施設の計画が全国各地で進み，自宅と会社（学校）以外の「サードプレイス」としての図書館への期待も高くなってきている。地方自治体では図書館整備に厳しい状況も続くが，こうした複合建築による「交流」，「にぎわい」への期待，「地域コミュニティ」や「まちづくり」といった視点からも期待される計画も増えてくると考えられる。

2012（平成24）年に起きた中央自動車道笹子トンネル事故がきっかけで，公共施設の老朽化に対する危機感が高まり，総務省から全国の地方自治体に対して保有するすべての公共施設を対象として「公共施設等総合管理計画」を策定するように要請された。これを受け，公共施設の総量規制や床面積の削減，人口減少と少子高齢化の課題も抱え，地方自治体は公共施設全体の再編にも取りかかっている。

　さらに，1995（平成7）年の阪神・淡路大震災，2004（平成16）年の新潟県中越地震，2011（平成23）年の東日本大震災，2016年（平成28）年の熊本地震などの甚大な地震被害を受けた。特に東日本大震災では，通常の図書館の開館時間に巨大地震の被害に遭うという経験をした。

　また最近では，2018（平成30）年の西日本豪雨災害，関東を直撃した2019（令和元）年の15号台風と19号台風被害など，大型台風や集中豪雨による被害も増えており，自然災害に対する安心と安全に向けた建物の対策だけでなく，管理運営面での事業継続計画（BCP）への対策も急務となっている。

　こうした図書館を取り巻く，近年の状況を概観するだけでも，「図書館施設」を学ぶ必要性を感じ取ることができると思う。

　近年，図書館施設に関する著作物も多く出版されている。本書の著者3人も加わって執筆した日本図書館協会発行の『よい図書館施設をつくる』（JLA図書館実践シリーズ13，2010年）が，本書のベースとなっているが，内容は大きく書き換えられ，大幅に加筆修正されている。

　本書の執筆の依頼があってから，非常に長期間の間，時間が経過してしまったことをまずはお詫び申し上げたい。しかし，最初にお声かけをしていただいたときから時間が経った分，執筆したテーマの内容は増え，「質」は格段によくなったのではないかと考えている。テキストブックとして，他の図書では扱わないテーマについても，幅広く触れられるようにした。

　日本図書館協会の出版委員会元委員長の小田光宏先生には，私たちの200ページを超える原稿を内容はそのままに，ページ数を減らすアイデアを出していただいた。また，日本図書館協会の出版部の歴代の担当者の方々には，遅々として進まない原稿を本当に辛抱強くお待ちいただいた。ここに感謝の意を表したいと思います。

2020年1月21日

執筆者代表　中井　孝幸

目次

CONTENTS

TEXTBOOK
SERIES III

図書館施設論

「図書館施設論」の学習に向けて

●··········司書資格のための科目として

「図書館施設論」は，「図書館に関する科目」の選択科目の１つで，１単位の科目である。日本の大学では，単位は１単位だとか２単位というように，よく数字として数えられることが多い。しかし，「単位」は英語では，「credit」といい，文字通り「信用」，「信頼」である。つまり，教員が責任を持って，その科目を習得したと認定することである。

そのような科目の１つとして，この「図書館施設論」を学ぼうとする皆さんには，テキストに書かれていることはもちろんであるが，書かれていることだけが，すべてではない。書かれていないことについても興味を持ち，自ら学んでいき，広い視野と新しい知見を得ていくといった「学び方」を是非とも身につけてほしい。

本書は，日本図書館協会図書館施設委員会の委員３名が執筆している。この３名は，図書館の基本計画書などのコンサルティングを行うアドバイザー，実際の図書館の設計実績が豊富な建築家，図書館を対象に建築計画分野で調査分析を行っている研究者である。つまり，「計画」，「設計」，「研究」の３者が，それぞれの専門性を活かして，各 UNIT の執筆を担当している。

３者がそれぞれの専門的な立場から執筆しているので，やや専門的な用語や難解な説明もあるかもしれないが，そうした用語や説明は特に「図書館施設」に限った話ばかりではないこともある。皆さんがお住まいの住宅やマンション，よく利用する商業施設や文化施設などに当てはめて考えられることも多いだろう。身の回りのインテリアや建築，街まで対象を広げて考えると，少しずつ生活が豊かに感じられるのではないかと思っている。

図書館などの施設や設備は，建てたら終わりではなく，建ててからの方が圧倒的に長くなるため，つねに改善点や疑問点はチェックしておきたい。図書館のエントランスホールにある椅子の向きを90度変えただけで，椅子に座る利用者が激増したこともある。これは「通過」動線だった廊下が，ちょっとしたレイアウトの変更により，「滞留」できるロビー空間に生まれ変わった事例で，それに気づくか気づかないかの違いであり，そうした観察力のある目を養ってほしい。

●………本書の活用について

　本シリーズの多くは，2単位の科目に対して50のUNITで構成されているが，本書は1単位の科目のため，25のUNITで構成されている。各UNITには，基本的な内容を示し，本シリーズの特徴でもあるoptionには，各UNITに入れられなかった最新の話題やトピック，実務でもすぐに役立つ内容などを盛り込んでいる。25のUNITに対して，19ものoptionを用意しており，本シリーズの中でもその割合は高い部類に入るだろう。UNITの内容だけでなく，optionの内容も是非とも一読していただき，「図書館施設論」のUNITの基礎的な部分とoptionの応用的な部分に触れて，学びを深めてほしい。

　「図書館施設論」の科目は1単位なので，おそらく7回の授業で行われる場合が多いと考えられる。授業計画を考える際の参考となるように，25のUNITを3～4つずつにまとめ，7つのグループに分けている。内容は，1）図書館の歴史と館種別の機能，2）図書館づくりのプロセス，3）利用者が求めるサービス，4）部門構成と建築計画，5）館内環境の計画，6）維持管理と安全性，7）設計事例，の7つである。

　授業計画は，各大学などの教育環境で異なり，また他の科目とも内容が関連する項目もあるので，各UNITをうまく取捨選択し，本書の活用を検討していただければと思う。例えば，3）利用者が求めるサービスや5）館内環境の計画，6）維持管理と安全性については，3名の執筆者の専門性が最もよく現れているセッションであるため，どれかは授業の中で2回に分けて講義することも可能と考えている。

　一方で，3名で分担して執筆しているため，少し各UNITで内容が重複している箇所も見られるが，各授業計画でUNITの取捨選択されることも勘案し，各UNITの構成を優先して，重複している箇所は他のUNITを参照するなどの文言を本文中に記載するように努めている。

　また，執筆者3名とも建築の分野であるため，内容をなるべく図表や写真などのビジュアルを用いて説明するように努めている。特に，平面図や断面図などの建築的な図面表現も多いが，スケール感（縮尺）がわかりやすいように，人物や家具などの点景も書き入れて，理解の手助けになるように努めた。

　最後になるが，ライブツィッヒ工芸高等師範学校校訓に「眼を養い，手を練れ」という言葉がある（宮脇塾講師室編著『眼を養い　手を練れ　宮脇檀住宅設計塾』，彰国社，2003）。この言葉は，建築学の分野だけではなく，図書館の司書課程を学ぶ人たちも含め，さまざまな分野にも通じると思っている。テキストは「学び」の入り口でしかなく，その後は自分たちで先進事例を視察して「眼を養い」，自分たちで簡単なデータを取って集計して「手を練る」など，自己研鑽していく必要がある。本書が，皆さんのその後の学びの道しるべとなり，ヒントになることを期待している。

◉ 図書館建築の歴史と館種別の機能

図書館建築の歴史

　UNIT 1 の前半は，海外の図書館建築の変遷を概説する。UNIT の後半では，日本の昭和初期までの図書館文化の歴史を概説した上で，1950年代から2010年頃までの歩みに重点を置く。

●⋯⋯⋯図書館の始まり

　図書館の起源は，紀元前のエジプトやメソポタミアなどの古代文明期に誕生したとされている。しかし施設としての図書館の姿を知ることは難しい。紀元前の大規模な図書館として，アレクサンドリア図書館が知られるが，建設地や建物の姿を記録する資料は残されていない。中国でも，紀元前から甲骨文字や金文等の文字文化が存在し，それらを集積する場があったと考えられるが，それを知ることができる遺跡や記録は発見されていない。

アレクサンドリア
図書館

　紀元前の図書館は，現在イメージされる図書館とは大きく違うものであった。石板や粘土板は重く，家畜の皮やエジプトのパピルスは，綴じられた本ではなく巻き物が多かった。なお，パピルスの巻物を表わすギリシャ語は biblion で，英語圏以外で図書館を「ビブリオ⋯⋯」と称する場合が多く（例：独語 Bibliothek），語源の一つである。また library はラテン語の「本」に由来する。

　現在，姿を残す図書館は，ローマ時代の図書館（室）である。紀元前 1 世紀から 4 世紀まで栄えたローマ帝国時代に，各地に図書館が建てられた。貴重な遺跡として，2 世紀にアジア総督がトルコに建てたセルスス図書館があげられる。また各所に公共浴場の遺跡が残っているが，それらの一画に図書室があった。

セルスス図書館

●⋯⋯⋯印刷技術の登場まで（5～14世紀）

　中世ヨーロッパ（5～15世紀）前期は停滞期で，出版や図書館の大きな進展はなかったが，図書館（室）は教会の修道院において育っていった。修道院では聖書や宗教に関する文を書き写して保存し，羊皮紙（パーチメント）に手書きされたシートを綴った製本スタイルのものが増えていった。

　西アジアや中央アジアでは，イスラム教が広まるとともに聖典『コーラン』の写本が増え，9 世紀には学問書も備える図書館が設置された。諸都市に図書館が設置

されたが，何十万単位の本を有したとされるコルドバ（現在のスペイン）の図書館
は特筆される所蔵量であった。

　図書館を有する研究・教育の場である大学の始まりは，都市部の大聖堂に付属す
る神学教育施設であった。13世紀頃にはヨーロッパ各所に大学が設置され，貴重な
写本を有した。蔵書数は数百〜千冊程度であり，規模は図書室程度のものであった。

　羊皮紙を綴って見開きの本の体裁にする製本技術は徐々に進歩したが，手作りで
希少であった。重い本は書見台に置かれ，鎖でつながれて盗難を防いだ。紙は羊皮　　書見台・鎖
紙よりも製本に向いており，中国から周辺諸国，西アジアやヨーロッパに徐々に伝
わった。ヨーロッパへの製紙技術の伝播と紙の普及は，活版印刷技術の誕生の素地
となった。

●………印刷技術の普及以降

　図書および図書館が増えてゆくことを牽引した技術革新は，ヨーロッパにおける
活版印刷である。グーテンベルクの功績で知られる活版印刷術は1450年頃の発明で　　活版印刷術
あり，その後の出版文化の広がりに大きく影響を与え，図書館の大型化につながっ
た。

　16世紀にイタリアに造られた宮廷図書館の一つ，フィレンツェのラウレンツィ
アーナ図書館は，ミケランジェロの設計によるメディチ家の図書館である。書見台　　メディチ家の図書
が同じ方向に並ぶ配置で，本は台に鎖でつながれていた。またカトリックの中心で　　館
あるヴァチカンも資料を増やし，現在も使われているシスティナ・ホールは16世紀
の中頃に整備された。

　王室図書館の広がりでは，スペイン国王フェリペ二世（1527-1598）が整備した
図書館（1584年完成）は，16世紀に整備されたものとして特筆される。そのエル・
エスコリアル聖ロレンソ修道院は王宮・図書館・霊廟・修道院などから成る王立の
ものである。大広間図書館は，初の壁面書架を採用し，王室図書館の発展へつなが
るものであった。

　大学図書館の充実を見ると，オクスフォード大学のボドリアン図書館は，元政治　　ボドリアン図書館
家トマス・ボドリーが1602年に私財を投じて創設したものである。政府が"法的預
託物"の納入先に定めたために，着実に蔵書を増やしていった。

●………18世紀の発展

　18世紀には大規模な図書館，華麗な図書館が増えた。アイルランドのダブリンに
あるトリニティー・カレッジ図書館は，長方形の大部屋に書架が整然と並ぶ，近代
のスタイルにつながる書架配置の大型館である。1732年に完成した時点では１層で
あったが，1856年に大改築し２層になった。

イギリスでは，ボドリアン図書館を有するオクスフォード大学に，ドームを冠した円形の図書館であるラドクリフ・カメラが1749年に完成した。「カメラ」はラテン語で丸天井の部屋を意味する。円形の図書館空間は，大英図書館閲覧室（現在は大英博物館閲覧室）が有名であり，その原型は，ラドクリフ・カメラやドイツのヴォルフェンビュッテル図書館（1710年完成，現存せず）だといわれる。

　ウィーンにあるオーストリア国立図書館は，ホーフブルク宮殿内にある壮麗なバロック建築であり，宮廷図書館として1732年に完成した。

修道院図書館
　修道院にも華美な図書館が増えた。スイスのザンクト・ガレン修道院（8世紀〜）には1768年にバロック様式の緻密な天井装飾が施された図書館が建てられた。

●………市民に開かれた図書館の誕生

　現在の公共図書館サービスにつながる，市民に開かれた近代の図書館の歴史において，1850年前後の米国ボストンの動きは特筆される。1848年マサチューセッツ州で世界初の図書館法が制定され，この法に基づいて1854年にボストン公共図書館が

ボストン公共図書館
設立された。この図書館は公共図書館のモデル的存在となり，現在も中核図書館の一つである。旧館と新館から成る巨大な施設は，1895年に開館（旧館）したものである。この公共図書館動きは，カナダ・ヨーロッパにも波及した。

　この時期に，巨大な国立図書館が各国で建設された。代表的なものに，図書に囲

大英図書館
まれたシリンダー状の空間を有する大英図書館閲覧室（1857年完成）があげられる。フランス国立図書館リシュリー館も，本に囲まれた大空間で，1868年に竣工し1875年に建て替え完成している。

●………江戸時代までの日本

　資料を保存する建物としては，奈良時代8世紀に建てられた正倉院には，宝物に加え経や戸籍等も保存されたため，図書館の起源の一つといえよう。この種の校倉

唐招提寺の経蔵
造の書庫では，唐招提寺の経蔵が現存する最古のものである。知の集積施設としては，鎌倉時代に開設された金沢文庫や教育施設であった足利学校（創建年代不明）がある。

文庫
　江戸時代には，幕府の文庫，諸藩の文庫が整備された。また教育の場である藩校に併設された文庫もあった。薄い和紙による和綴じ本は，洋書のように背を見せて縦に並べる方法には向かず，平積みしたため，書棚は欧米とは違う形であった。

　江戸時代の末に海外の図書館を知ったのは，幕府が派遣した使節団である。万延元（1960）年に，一行はニューヨークで図書館を視察している。

●‥‥‥‥明治から昭和初期へ

　近代日本の図書館の始まりは，1872（明治5）年に東京・湯島に開設された文部
省書籍館であり，初の官立公開図書館であった。国による図書館はその後いく度か
の節目や変遷を経ることになる。現在，東京・上野に歴史的な姿を残す図書館は，
1906（明治39）年に建てられた帝国図書館であり，大改修を経て，2002年より国立
国会図書館国際子ども図書館（p.19参照）として使われている。

　また上野の帝国図書館より前，1904（明治37）年に財閥の寄付によって大阪図書
館が建てられた。この館は大阪府立中之島図書館（重要文化財）として現在も使用
されている。東京の私立図書館では大橋図書館が特筆され，1902（明治35）年に麹
町区（現在は千代田区）に開設された。

　明治前期に徐々に整備されてゆく県立図書館のほかに，公私立の新聞雑誌・書籍
の縦覧所やさまざまな団体の読書施設が設けられた。

　東京には，東京市（ほぼ現在の23区）立の日比谷図書館が1908（明治41）年に開
館し，翌年深川図書館，そして1911（明治44）年に京橋図書館が開館している。『中
小都市における公共図書館の運営』によると，明治の終わりから大正・昭和へと図
書館は増え，公立・私立を合わせて4,000施設を越したが，蔵書1,000冊に満たない
零細館が多く（大正12年調査），現在の図書館とはかなり違う規模であった。

　大正期には，政治・経済・文化の各方面で活発な気風・進展があり，図書館の設
置も進んだ。しかし1923（大正12）年に発生した関東大震災では，多くの図書館が
焼失した。

●‥‥‥‥戦争を経て1950年代

　1945（昭和20）年に終戦となり，疲弊と混乱の中，連合国の占領組織に指導され
る形で復興が進んだ。図書館法が制定されたのは1950（昭和25）年であり，1953（昭
和28）年に学校図書館法が成立した。

　「もはや戦後ではない」と言われたのが，1956（昭和31）年であるが，図書館が
貧弱な時期が続いた。1950年代に建設された館に，1953（昭和28）年開館の徳島県
立図書館，1954（昭和29）年の神奈川県立図書館，1957（昭和32）年の東京都立日
比谷図書館があげられる。徳島県立は1,000㎡に満たない書庫別棟型であった。神
奈川県立と都立日比谷は，中央書庫型であった。

　当時の配架は閉架書庫が主体で，開架と閉架の中間的な方法である安全開架式や
半開架式も併用された。持ち出し許可が必要な安全開架や，金網越しに読みたい本
を請求する半開架式など，現在の開架を基本とする閲覧スペースとはかなり違う方
式であった。また学生の勉強部屋として使われる割合が多かった。児童サービスも
多くの館では貧弱で，家族利用や婦人単独の利用も少なかった。

書籍館

帝国図書館

縦覧所

閉架書庫主体

●‥‥‥‥‥「中小レポート」と『市民の図書館』の時代

開架主体　　　開架を主体とした新図書館の登場として注目されたのは，1959（昭和34）年竣工の大田区洗足池図書館や，1961（昭和36）年竣工の青森県の八戸市立図書館である。1961年は国立国会図書館の１期工事が完成した年でもある。また，大学図書館では，国際基督教大学図書館が開架主体の先鞭で，1962（昭和37）年にアメリカの大学図書館にならって建てられた。

「中小レポート」　　　1963（昭和38）年に『中小都市における公共図書館の運営』いわゆる「中小レポート」が出版され，図書館が担う役割や目標が示された。

　　　「中小レポート」の理念を実践し，積極的図書館サービスが市民に歓迎されることを示したのは，東京都の日野市立図書館である。まず1965（昭和40）年に移動図日野市立図書館書館をスタートさせ，地区館や児童図書館を順次整備し，豊富な図書が市民に役立つとの認識を広めた。そして1973（昭和48）年に学習室を持たない中央図書館を整備した。日野市の実践は，近接する東京西部の自治体に直接的な刺激を与え，図書館の水準向上は全国に着実に広がっていった。日野市立中央図書館の設計者は，鬼頭梓建築設計事務所である。鬼頭らは東京経済大学図書館（1968年竣工）をはじめ，多くの図書館設計に取り組み，図書館建築の水準向上に貢献した。

『市民の図書館』　　　1970（昭和45）年刊行の『市民の図書館』は，「中小レポート」の理念を，より具体的に論じた図書で，その中で市立図書館について「本館・分館・移動図書館からなる一つの組織」と啓蒙している。平等なサービスを目指す施設配置のあり方を示すものであった。また児童サービスの向上も課題とした。

浦安市立図書館　　　千葉県浦安市は，1983（昭和58）年に新中央図書館（p.148参照）を開館した。その後，市の貸出数は，年間の市民一人当たり11.4冊を記録し，施設・運営，特に豊富な資料費は全国的に注目された。日野市立中央図書館や増築前の浦安市立中央図書館の座席数は，現在の水準から見ると少ない。滞在することよりも貸出に重点を置いたことが理解できる。その後，浦安は２度の増築を経て座席数と蔵書収蔵力を増し，市民の滞在ニーズにも応えている。

●‥‥‥‥貸出重視のサービスを越えて

　　　1990年代，町村図書館の図書館設置率の向上を課題としながらも，市部の図書館の設置がおおむね充足され，狭小化・老朽化した古い施設の建て替えも行われるようになった。市立図書館の収蔵力や面積が大きくなる傾向の中，福岡県の苅田町に1990（平成２）年に新規開館した図書館は，滞在利用をも深く配慮した施設として注目を集めた（p.151〜152参照）。交流・研修・展示等のスペースを有し，閲覧席もテーマ性を持ったコーナーを複数設けるなど，図書館で過ごす心地よさを演出した。続いて1993年に愛知県の碧南市立図書館の新館，1995年に佐賀県の伊万里市民

図書館が完成し，貸出サービスを基礎的役割としながら，居場所としての図書館のあり方に留意する「滞在型図書館」という認識が広がった。

また情報媒体の進歩も図書館に変化を与えた。視聴覚資料は，1980年代後半にレコード，カセットテープからCDに代わり，90年代初頭にビデオテープからDVDへ移行した。インターネット端末が図書館に置かれるようになるなど，マルチメディア化した。図書館にはそれらを利用する席が用意されることが増えた。1994（平成6）年，千葉県の市川市中央図書館が，複合施設「メディアパーク市川」の主たる施設として整備された（p.153～154参照）。大規模で未来的なデザインは，時代の転換を感じさせた。

●…………21世紀を迎えて

情報メディア（媒体）の環境は，1990年代から急速な進展や広がりを見せた。コンピュータやインターネットに代表される技術革新や資料のデジタル化は，図書館サービスや運営に影響をもたらし，館内で検索コンピュータやインターネット，データベース閲覧用のコンピュータが置かれるようになった。

非接触型のICタグの導入で，自動貸出装置が置かれるようになり，セルフの予約本受け取りコーナーが可能になるなど，施設にも新たなスペースが生まれた。また，自動搬送機と高密度の収納棚の組み合わせによる自動出納書庫が登場し，保存部門の機械化が選択肢として増えた。

21世紀になって開館し，注目された大型施設をあげると，せんだいメディアテーク（2001年竣工。2～4階に仙台市民図書館），千葉市中央図書館・生涯学習施設（2001年），国立国会図書館国際子ども図書館（2002年），国立国会図書館関西館（2002年）と続く。

『これからの図書館−実践事例集』（2006年）に登場するキーワードに「課題解決を支援」，「ICTを活用」，「他機関と連携」，「図書館とまちづくり」等があり，図書館はより創意・工夫が運営に求められるようになった。また複合館の割合が増えてきた。1970年代は，図書館は「独立した建物」が望ましいと言われたが（『市民の図書館』p.97），複合のデメリットが生じないよう注意は必要だが，相乗効果などのメリットへの期待が高まった。生涯学習施設や社会福祉施設，美術館・博物館，そして商業施設等，図書館と親和性が高い用途がある。

また図書館の立地選択にも変化があった。かつて駅前は商業向きの一等地で，図書館が建つことはほとんどなかったが，都市構造に変化が生じ，図書館が集客力ある「にぎわい施設」と見直された。さいたま市立中央図書館や岩手県立図書館は駅前にある大規模施設内にあり，川崎市立中原図書館や一宮市立中央図書館は駅と直結する複合施設に入る大型館である。

滞在型図書館

デジタル化

ICタグ

課題解決

複合館

にぎわい施設

UNIT 2

館種別の機能とその建築

●‥‥‥‥ライブラリーシステム

　図書館とはシステムであり，施設や資料だけがあっても利用できない。利用者，施設，資料のそれぞれを結びつける司書も必要であり，どれかが欠けても図書館として機能しないし，サービスを提供することも利用することもできない。

包括的なサービス　　いつでも・どこでも・誰でも利用できる包括的なサービスを構築するために，図書館は利用対象者や取り扱う資料，機能や設置者によってサービス内容が異なる図書館を整備してきた。

　設置者や利用対象により，国立図書館，公共図書館，大学図書館，学校図書館，専門図書館などに分けられる。以下では，館種別の施設内容について整理する。

●‥‥‥‥国立図書館（国立国会図書館）

図書館ネットワーク　　国立の図書館は，図書館ネットワークの中心にいる「図書館の図書館」として，国民全体に対してサービスを行うことが求められている（『図書館ハンドブック第6版』2005）。日本では，1948年設立の国立国会図書館がその機能を併せ持っている。国立国会図書館は，国会法に基づく国立国会図書館法により設置され，国会国立国会図書館法　　はもちろん，行政・司法へもサービスを行っている。

　国立国会図書館の主な基本サービスは，1）資料の収集，2）書誌情報の作成・提供，3）資料の保存，4）図書館協力，5）電子情報サービスである。平成29年度の『国立国会図書館年報』によると，東京本館と関西館，国際子ども図書館の3館と国会内の分館，各府省庁および最高裁判所に設置されている支部図書館27館（分館を含めて33館）でサービスを行っている。

　1968年に開館した本館は，中央部分に一辺45mの正方形の書庫が17層に分かれ，この書庫棟を閲覧室・事務室のある事務棟が取り囲み，こちらも一辺90mの正方形で6階建てである（図2-1）。新館は本館の北側に隣接して設けられ，地上4階，地下8階建てで，地下1階から地下8階の地下部分はすべて書庫で，中央部に地下の最下層まで光が届く光庭が設けられている（図2-2）。

　2002年に1期工事で開館した国立国会図書館関西館は，地上4階，地下4階建てで，うち地下部分が80％を占め，地下1階は屋上が緑化された大空間の閲覧室，地

下２階から地下４階までが書庫となっている（図2-3）。

図2-1　東京本館　外観

図2-2　東京新館　内観

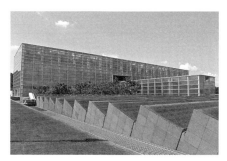
図2-3　関西館　外観

図2-4　国際子ども図書館　外観

　旧国立国会図書館支部上野図書館を免震工法による改修工事で再生して，2000年に国際子ども図書館が児童書専門図書館として部分開館，2002年に全面開館，2015年に書庫棟を増築している（図2-4）。

　東京本館・関西館・国際子ども図書館に来館して利用するサービス（資料の閲覧や複写など）に加え，他の図書館を通じたサービス，インターネットを通じたサービス（オンラインサービス）が利用できる。基本的に個人に対する資料の貸出を行っていないが，一部の資料は近くの図書館や所属の大学図書館などを通じて図書館間貸出サービスは利用可能である。

●…………公共図書館

　公共図書館は，地域住民に対して一般的な図書館サービスを無料で提供する図書館を指す。『日本の図書館−統計と名簿2018』によると，地域に開かれ，無料で，図書館法に基づいて設置，運営され，地方公共団体が設置するものを公立図書館，民間団体や個人が設置するものを私立図書館としている（19館）。

　日本の戦前の図書館では，館外貸出（帯出）のために身分証明書の提示や保証金が必要だったところもあった。「ユネスコ公共図書館宣言」（1949年）を受けて，無料を原則とした図書館法が1950年に制定されるが，当時は閉鎖的な図書館運営がま

免震工法

図書館法

「ユネスコ公共図書館宣言」

だ多く，大学受験生の勉強部屋との印象も強かった。

中小レポート
『市民の図書館』
資料提供

1960年に日本図書館協会から『中小都市における公共図書館の運営』（通称：中小レポート），1970年に『市民の図書館』が出版され，知る権利を保障し，図書館の基本的な機能を「資料提供」と位置づけ，資料の収集・整理・保存を通して地域住民に奉仕することが図書館の理念であると唱えられた。

貸出サービス
ビジネス支援

現在，公共図書館はこうした図書の貸出サービスに加え，地域住民に対する生涯を通じた学びの場所であり，ビジネス支援，地域の情報発信や学習成果の発表など，地域の多様な活動を支える場所としての役割も担っている。「だれでも，どこでも，いつでも」を基本に，無料で，時間制限や入館制限もなく利用できる公共図書館は，他の公共施設に比べると，非常に公共性や公開性が高い施設である。地域のニーズを的確に読み取り，子どもからお年寄りまで幅広い利用者層にサービスを提供していくことが求められる。

●⋯⋯⋯⋯大学図書館

大学図書館は，中世後期から近世の西欧での大学の成立時に設けられ，中世の修道院から知の集積場所を引き継いだ。日本では大学図書館とは，大学，短期大学および高等専門学校の図書館，学部研究科の分館や研究所などの図書室を指す。設置の根拠は「大学設置基準」で，大学の規模などに応じて，教育研究上必要な資料を，図書館を中心に系統的に備え，他の大学図書館との協力に努めることなどが求められている。また当初は，学生定員の10％の閲覧席の設置が求められていたが，現在その数値基準は廃止されている。

知の集積場所

大学設置基準

大学図書館は，各大学の教育理念に基づき，利用者である教員と学生の教育と研究に資することを目的に設置された。主に書籍を中心に資料が収集され，蔵書の量的な拡大が広がり，閉架書庫から開架式書庫へ移行する図書館が増えた。

学術情報基盤

オンラインデータ
ベース

電子ジャーナル

OPAC

アクティブラーニ
ング

ラーニングコモン
ズ

近年，学術情報基盤の整備が進み，オンラインデータベースや電子ジャーナルなどのデジタル資料が一般化し，OPACも学外に公開されているところが増加している。また一方で，提供される図書資料だけでなく，授業形態も講義型から対話型のアクティブラーニングなどの学習方法が取り入れられ，そうした学習活動をサポートするために，図書資料や人的支援，多様な学びに対応できる学習空間として「ラーニングコモンズ」などの設置が進められている。

現在の大学図書館では，学習と研究を支援し，学術情報の公開の課題，学習スタイルの多様化への対応が求められている。今後も増え続ける蔵書への配慮，多様なメディア媒体への対応，個人からグループ利用まで多様な学習スタイルに対応した閲覧・学習スペースの提供が課題となっている。

●⋯⋯⋯学校図書館

日本では学校図書館法（1953年）によって，小学校，中学校，高等学校において図書や視聴覚資料など，学校教育に必要な資料を収集，整理，保存を行い，児童や生徒，教員にサービスを提供するための施設として設置が義務づけられている。

学校図書館の目的は学校の教育カリキュラムをサポートすることにあるが，「ユネスコ学校図書館宣言」（1999年）では，学校図書館は今日の情報や知識を基盤とする社会を生きていくために基本的な情報やアイデアを提供し，児童・生徒が責任ある市民として生活するための生涯学習の技能を育成し，想像力を培うとしている。

学校図書館が十分に活用されている事例は少なかったといえるが，主体的な問題解決型の学習を通して自らが学び考える力を育てる「総合的な学習の時間」（2002年4月）が設けられた。こうした中，学校図書館が果たすべき役割も増え，2003年に12学級以上の小・中学校に司書教諭の設置が義務化された。また，2014年に初めて「学校司書」の名称が法制化，学校図書館への配置が「努力義務」とされたが，「学校司書」の資格については制度化されていないのが現状である。

一方で，学校建築はオープン化が進み，普通教室と同じ面積のワークスペースが教室に隣接して計画される小学校の事例も増えている。また中学校では，教科専用の教室に生徒が移動する「教科教室型」の学校も計画されている。全国各地で小中一貫校や小中併設校が計画され，学校建築は地域の実情に応じてさまざまな運営方式で整備されている。さらに，子どもたちの「学び」については，「主体的・対話的で深い学び」，すなわち「アクティブラーニング」といった新しい学習形態の導入も進められている。

学校図書館は，施設，資料，人材不足などの諸問題を抱えているが，こうした学校建築の取り組みや多様な学習形態，教育カリキュラムに対応するためにも，学校図書館が果たすべき役割はさらに重要になってくる。また，ブックスタートから始まる子どもたちの読書活動が継続するためにも，学校図書館は公共図書館とも連携してサポートしていく必要性がますます高くなると考えられる。

●⋯⋯⋯専門図書館

専門図書館は，ある特定の分野に限った資料・情報資源を収集したものや，特定の目的をもつ団体や利用する利用者を限定した図書館を指す。医学，法律，農学など専門領域を特化した学術図書館（図2-5）や，民間企業や法人，学協会，政府機関などが設立，運営する図書館である（図2-6）。

日本でも数多くの専門図書館があるが，資料の専門性が高いため，利用者は所属する団体に限られることもあり，外部への公開性は低い。設置母体によってさまざまであるが，総じてスペース的は狭く，財政基盤も脆弱なところが多い（青柳英治

学校図書館法

「ユネスコ学校図書館宣言」

総合的な学習の時間

普通教室

ワークスペース

教科教室型

小中一貫校

小中併設校

主体的・対話的で深い学び

アクティブラーニング

ブックスタート

専門領域

編著『ささえあう図書館−「社会装置」としての新たなモデルと役割』勉誠出版，2016）。

　自館の資料だけでは利用者へのニーズに迅速に対応できないため，専門図書館では相互の連携を図ってサービスを提供してきた。今後は，資料収集や施設維持のために，資金の調達も設置母体だけでなく，クラウドファンディングなどが活用され，地域や一般の利用者への公開も進むと考えられる。

クラウドファンディング

図2-5　市政専門図書館（東京）　　　　　図2-6　エル・ライブラリー（大阪）

●……これからの図書館に求められる機能について

東日本大震災
　2011年3月11日に起きた東日本大震災では，津波被害にあった沿岸部の多くの図書館で，地域の歴史や文化を記録した資料や貴重なコレクションが流出している。一度失ったものは戻らないが，残ったものや新しいものを数十年かけて今から一つずつ丁寧に集めていくことが必要となる。

にぎわいの創出
　近年，公共図書館の整備には「にぎわいの創出」が期待されているが，図書館の基本的な役割は，地域のさまざまな課題解決のための利用者への資料提供であり，

記憶の倉庫
「記憶の倉庫」（カール・セーガン著，木村繁訳『COSMOS』朝日新聞社，1984）として地域の歴史や文化を記録し，未来へ継承していくことではないかと考えている。

タイムカプセル
　また，図書館はタイムカプセルと呼ばれることもある（『図書館による町村ルネサンス−Lプラン21』など）。地域に愛される図書館は，一時的なにぎわいの創出だけではなく，20年後，30年後の利用者のために資料収集を行うことが必要である。最も基本的な図書館のこうした資料収集の役割こそが，これからの図書館に求められている機能であると考えられる（日本図書館情報学会編『公共図書館運営の新たな動向』わかる！図書館情報学シリーズ　第5巻，勉誠出版，2018）。

マイクロライブラリーの本でつながるコミュニティ

　公共図書館でもない，専門図書館でもない，「マイクロライブラリー」と呼ばれる小さな私設図書館が全国各地で計画され，運用されている（磯井純充著『マイクロ・ライブラリー図鑑』まちライブラリー文庫，2014）。厳格な定義はちょっと難しいが，本棚一つからこの小さな図書館は始められる。

　こうした活動で有名なものとしては，会員制の「まちライブラリー」がある（磯井純充著『本で人をつなぐ　まちライブラリーのつくりかた』学芸出版社，2015）。おすすめの理由が書かれた寄贈本を借りたら，書評や感想を書き連ね，一冊の本を通じたコミュニケーションのやり取りが続いていく。商業施設（図A-1）や大学施設の中などに計画されている。

　このほか，長野県小布施町においてオリジナルの旗が掲げられた銀行や郵便局，いろんなお店に本棚が並ぶ「まちじゅう図書館」，お店で借りた本を読み終えたら別のお店に返していく福井市発祥の「タビスル文庫」など，施設単独ではなく，まちや地域ぐるみでこうした活動を展開しているところもある。

　地域やまちで面的に広がっていなくても，店先に小さな本棚が置かれていたり，郵便受けや公衆電話ボックス，植物園の中に点在する屋根付きのスタンド式「図書館」（図A-2）など，ユニークな活動が広がっている（立野井一恵著『日本の最も美しい図書館』エクスナレッジ，2015）。

図A-1　まちライブラリー@もりのみや
　　　　キューズモール

図A-2　京都府立植物園きのこ文庫

図書館ネットワークと施設計画

●⋯⋯⋯図書館ネットワーク

　図書館は，UNIT 2 で概観したように利用対象によって，公共図書館，大学図書館，学校図書館，専門図書館，国立国会図書館に分けられる。以下では，公共図書館を中心に詳述していく。

　公共図書館は，「誰でも，どこでも，いつでも」を基本に，無料で，時間制限や入館制限もなく利用できる。こうしたサービスを 1 館で行うのではなく，地域に対して従来は，身近な地域図書館（分館）や移動図書館（ブックモビル，以下 BM），次いで地域中心館（中央館），都道府県立などの広域参考図書館などを段階的にかつ階層的に整備してきた。

　つまり，国立国会図書館を頂点として，都道府県立，その下に中央館，分館，移動図書館まで，ツリー状に図書館ネットワークがつながっている。一方で，「平成の大合併」などの影響で中央館クラスが一つの自治体に複数設置された地域，もともと地域館クラスが複数設置されていた地域，また国立国会図書館の「図書館向けデジタル化資料送信サービス」は直接的に公共図書館で利用できるなど，複数の図書館を利用できる。周辺地域にある図書館同士での相互貸借，居住地で貸出制限のない広域利用も各地で広まっており，学校図書館との連携や，地域内にある公共図書館と大学図書館の館種を越えた地域コンソーシアムなどのネットワークづくりも進むなど，図書館のつながりは単純なツリー構造ではなく，複雑なネットワークが構築されている（図3-1）。

　近年，「平成の大合併」や駆け込み建設の影響で図書館未設置地域が解消され，自治体の設置率も上がってきた。また，市区立の既存施設の建替えも多く，開架冊数が20万冊を超える地域中心館も増えてきた。しかし，全国平均で見ると人口一人当たりの貸出冊数は5.5冊／人・年程度であり，北欧の約20冊／人には遠く及んでおらず，まだまだ発展段階であるといえる。

　また，インターネットが普及し，図書館の蔵書検索サイト「カーリル」（http://calil.jp/）では全国の6,000以上の図書館（2018年現在）を対象に蔵書や貸出の状況の横断検索が可能であり，各図書館でも WebOPAC など非来館型の利用が，今後は増えることが予想される。こうした非来館型の検索の利便性を進めつつ，図書館への来

地域図書館
移動図書館
地域中心館
広域参考図書館

ツリー
図書館ネットワーク
図書館向けデジタル化資料送信サービス
相互貸借
広域利用
地域コンソーシアム

未設置地域

横断検索
WebOPAC
非来館型の利用

館をどのように促していくのかが，これからは重要な計画課題となる。

イングランドの旧ライブラリーシステム概念図　　イングランドの新ライブラリーシステム概念図

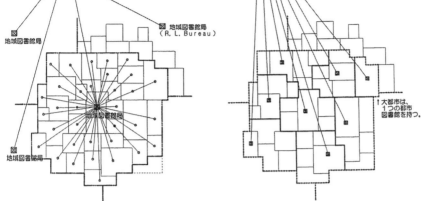

図3-1　イングランドの新・旧ライブラリーシステム概念図
(出典：西川馨『優れた図書館はこう準備する』教育史料出版会，2007.4)

● ·········· **図書館の構成要素**

　図書館の部門構成としては，大きく利用部門と書庫＋業務部門の2つに分けられる。利用部門にはエントランスホールや開架閲覧室，集会・研修スペースがあり，業務部門には事務室，館長室，スタッフラウンジなどがあげられる。

　利用部門として，入口は1か所がよく，ブック・ディテクション・システム（BDS）で不正持ち出しをチェックし，開架全体を見渡せて人の出入りや動きが把握できる位置にカウンターデスクを計画する。集会室利用者と閲覧室利用者との動線は，分離する方が望ましい。

　図書館規模と利用者部門の内容を表3-1に示す。図書館の規模や役割によって，閉架書庫，集会室，個人研究個室など，どういった図書館サービスを行うのかを検討する必要がある。多様化する利用者のニーズに応えるためにも，『Lプラン21』では，地域館クラスの図書館は，人口一人当たりの基準ではなくサービス水準として，蔵書冊数5万冊，床面積800㎡，職員3人以上が望ましいとされている。

　書庫は図書館の心臓部であり，書架並列配置を基本として，移動式書架による集密書架（図3-2），ガス消火設備を用いた貴重書庫（図3-3），出納員を必要としない自動出納書庫（図3-4）などがある。効率よく収納するためには，90cmの棚板や用途に合った書架間隔を考えると，矩形の平面形が望ましいとされている（栗原嘉一郎ほか『図書館の施設と設備』現代図書館学講座　13，東京書籍，1988）。

（欄外）
部門構成
利用部門
書庫＋業務部門
ブック・ディテクション・システム
カウンターデスク

『Lプラン21』

集密書架
ガス消火設備
貴重書庫
自動出納書庫

表3-1　図書館の構成要素

部門区分		地域館 （分館）クラス	地域中心館 （中央館）クラス	広域参考図書館 （都道府県立）クラス
利用部門	貸出	貸出，返却，案内 簡易レファレンス	貸出，返却，案内 返却処理室	貸出，返却，案内 返却処理室
	閲覧	開架室 　一般開架書架 　児童コーナー 　参考図書コーナー 　新聞雑誌コーナー 　OPAC 　インターネット席	開架室 　一般開架書架 　児童司書デスク 　児童スペース 　お話室 　新聞雑誌 　視聴覚資料 　一般参考図書 　地域資料 　OPAC 　インターネット席 　研究個室 　グループ学習室	開架室 　主題部門別サービスデスク 　一般参考部門 　ポピュラー部門 　人文科学部門 　社会科学部門 　自然科学部門 　児童資料部門 　地域資料部門 　視聴覚資料部門 　障がい者資料部門 　各部門ごと新聞雑誌 　研究個室 　グループ学習室 　OPAC・インターネット
	レファレンス	サービスデスク OPAC インターネット席	サービスデスク OPAC インターネット席 視覚障がい者資料 対面朗読室	各部門ごとに OPAC インターネット席
	休憩	くつろぎのスペース	くつろぎのスペース 喫茶，レストラン	くつろぎのスペース 喫茶，レストラン
	集会関係 その他	小集会室 展示コーナー	集会室・AV ホール 展示スペース	集会室・AV ホール 展示スペース ロビー・ラウンジ
書庫部門	書庫		保存書庫 AV 資料庫 BM 車庫	保存書庫 AV 資料庫 古文書・貴重書庫 特殊資料庫
業務部門	事務・作業 ・管理	事務作業スペース 館長室 応接室	事務作業スペース 整理作業スペース BM 関係スペース 配送関係スペース 電算機・サーバー室 館長室・応接室 会議室	各部門別作業スペース 一般事務スペース 相互協力事務スペース 受入整理作業スペース 電算機・サーバー室 配送関係スペース 館長室・応接室 会議室
	職員用諸室	更衣室・湯沸し 休憩コーナー	更衣室・湯沸し スタッフ・ラウンジ	更衣室・湯沸し スタッフ・ラウンジ
その他	建物維持	機械室	機械室 作業員室 管理人室 倉庫	機械室 作業員室 管理人室 倉庫
	廊下など	廊下・階段・EV・トイレ・出入口など		

(出典：日本図書館協会図書館ハンドブック編集委員会編『図書館ハンドブック　第6版』日本図書館協会，2005)

　　　また，書庫では温室度の変化，直射日光，ほこりへの対策と，地下にある場合は浸水対策が必要である。積載荷重は集密書庫で1200kg/㎡（11800N/㎡），一般開架室で約600kg/㎡（5900N/㎡）となり，一般事務所の約300kg/㎡（2900N/㎡）に比べると非常に重いため，コンバージョン（転用による用途変更）の際には構造上の検

討が必要不可欠である。

図3-2 移動式集密書架 （新潟市立豊栄図書館）

図3-3 貴重書庫 （奈良県立図書情報館）

図3-4 自動出納書庫 （奈良県立図書情報館）

図3-5 自動貸出機 （珠洲市民図書館）

図3-6 予約本コーナー （安城市図書情報館）

図3-7 予約本受取機 （安城市図書情報館）

図3-8 自動返却・仕分機 （岡崎市中央図書館）

図3-9 アンテナ付き書架 （府中市中央図書館）

（出典：松本直司，瀬田恵之，高井宏之，建部謙治，谷田真，中井孝幸，矢田努『建築計画学』理工図書，2013）

●⋯⋯⋯図書館における自動化と施設計画

インターネットやパソコンの普及により予約と受取りの自動化が進み，自動貸出機（図3-5）が登場し，目録カードがOPACに代わり，リクエストや予約も自宅のパソコンから申込みができるなど図書館の利用も変わりつつある。また，受け渡しボックスやBDSと自動貸出機のある予約本専用の部屋が用意され（図3-6），浦安市では駅前に受け渡し専用カウンター，安城市図書情報館では館外から利用できる

予約本受取機が設置されるなど（図3-7），図書館への非来館型の利用も出てきた。

このように非常に小さい無線タグやICチップを埋め込み，電波等で識別し管理できるRFIDタグ（ICタグ）を導入して，蔵書管理を行う館も増えている。バーコードで一つずつスキャンしなくても，自動貸出機では数冊重ねて読み取ることができ，蔵書点検もハンディスキャナーで簡単に行うことができる。まだコストは高く，各メーカーで互換性に乏しいことやICタグの耐久性が今後の課題である。

職員の作業効率，利用者の匿名性の確保などの点から，自動出納書庫や自動貸出機，自動返却装置（図3-8），取り出した本を自動的に認識するアンテナ付きの書棚（図3-9）などのオートメーション化も進んでいる。自動貸出機での手続きは，カウンターより多い館もあるが，割合としてほぼ半々である。司書本来の職能でもある選書やレファレンスなどの利用者へのサービスに専念するためにも，こうした自動化の動きはますます活発になると思われる。

人を介していた物流が自動化されることにより，近くにあったものが遠くに，遠くのものが近くに配置できるようになり，施設計画も大きく変わるかもしれない。

●⋯⋯⋯有機的な図書館連携とネットワーク

利用者が求める図書館サービスが多様化する中，一つの図書館ですべてのサービスを提供することは限界がある。UNIT 8の滋賀県東近江市では7館で収集する蔵書の役割分担を行い，特徴的な図書館サービスを利用者が相対的に使い分けている。

option Bの島根県海士町では，「島まるごと図書館構想」を掲げて中央図書館と学校図書館を含む町内13施設（調査当時）を分館として位置づけて本を置き，セルフカフェなど貸出以外の利用も充実している。option Dの愛知県瀬戸市では，中央図書館と駅前の分館のほかに，市内の5つの小・中学校の学校図書館が土・日曜だけ地域図書館として開放し，交通弱者へのサービスも行っている。また，option Aで

紹介した「マイクロライブラリー」と呼ばれる小さな私設図書館が全国各地で計画され，まちや地域ぐるみでこうした活動を展開している事例もある。

今後，こうした図書館による中央館と地域館，周辺地域との広域利用，学校図書館との連携，MLA連携（Museum, Library, Archives）など，さまざまな機能と有機的につながるネットワークを築き，施設サービスを提供していくことが必要となる。

海士町の「島まるごと図書館構想」

　島根県海士町の「島まるごと図書館構想」は，Ｉターン組の住民から図書館建設の声が上がり，学校図書館を分館として司書を配置して整備した2007年から始まった。その後，人が集まる保育園，福祉施設，フェリー待合，公民館，県立高校，町営の県立高校の学生寮，町営の学習塾などに書架を置き，ネットワーク化を行い，島全体を一つの図書館として整備した。2010年に中央館が開館し，2017年現在14の分館が設置され，今もなお増殖中である。中央館は公民館横に増築され，面積が200㎡と小さいため，児童書は学校図書館に置いて中央館には置かないなど，分館と配架する図書を機能分担している。中央館には「セルフカフェコーナー」などを設置し，交流拠点としての利用にも取り組んでいる。

　2015年度に全図書館で利用状況の調査を行い，各居住地区から中央館や各図書分館への利用をみると，島全体で各図書館を利用していることがわかった（図B-1）。しかし，図書館利用者の７割は，この構想以後に島に移住してきた人々であった。

　構想以前の利用者は，本来の図書館の機能を目的とする「図書利用」が多く，構想以後の利用者は，明確な目的を持たない利用やセルフカフェ利用など図書館の機能のみを目的としていない「充実利用」が比較的多かった（図B-2）。中央館と分館を使い分け，「図書利用」や「充実利用」など，海士町の図書館をまるごと使いつくす利用者がおり，図書館機能だけでない魅力ある機能の連携が利用の多様化を図っているといえる。

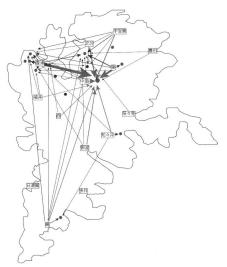

図B-1　島全体の図書館の使い分け利用

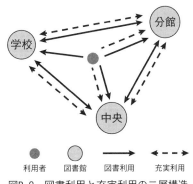

利用者　　図書館　　図書利用　　充実利用

図B-2　図書利用と充実利用の二層構造

（出典：片岡桃子，中井孝幸，大西拓哉「『島まるごと図書館構想』による図書館計画と地域再生からみた図書館利用の発達段階－疎住地における『場』としての図書館の設置計画に関する研究　その１」『地域施設計画研究』34，日本建築学会，p.55-64，2016.7）

UNIT

4

● 図書館づくりのプロセス

図書館づくりの段階とプロセス

●‥‥‥‥企画から開館まで

基本構想
基本計画
基本設計
実施設計
設計監理
施工管理
PFI
維持管理
ファシリティマネ
ジメント
持続する社会
耐用年数
長寿命化

　図書館だけでなくさまざまな施設の建設には,「企画」,「計画」,「設計」,「施工」,「開館」の各段階がある(植松貞夫ほか『よい図書館施設をつくる』JLA図書館実践シリーズ　13,日本図書館協会,2010)。図書館建設の企画が立ち上がれば,図4-1のように基本構想,基本計画を立案し,基本設計,実施設計,設計監理,施工管理へと続く。最近ではPFIと呼ばれる手法により,15〜20年間の維持管理を含めた事業計画を立案することもある。また,建物をどのように効率よく管理して運用するのか,ファシリティマネジメント(FM)の視点も重要となる。企画だけで始めるのではなく,現在では需要を掘り起こす計画を立ててから企画を練ることもある。

　このように企画や計画段階の想定が,最後の施工や維持管理まで続くため,最初の設定が肝心となる。また,持続する社会を目指すため,建築の耐用年数を延ばし,ハード的にもソフト的にも長寿命化を図ることが,今後ますます求められる。

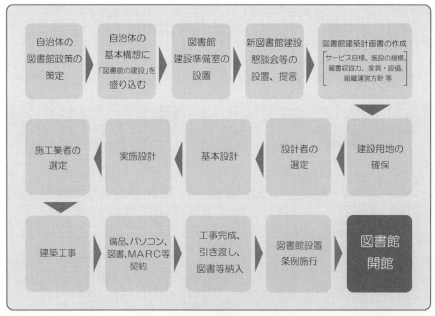

図4-1　図書館開館までの各段階
(出典:文部科学省生涯学習政策局「すべてのまちに図書館を〜公立図書館の整備への支援策等の紹介」
www.mext.go.jp/a_menu/shougai/tosho/pamph/06020303/001.htm　最終確認日2019.03.08)

さらに，設計を進めていく上でさまざまなタイミングでワークショップなどを開催し，施設利用者である地域住民との協働作業を通じて，設計者はもちろんのこと，施設に対する地域住民自身への啓発を含む活動に取り組む事例も増えている。このように，設計のプロセス自体が複雑になり，非常に多岐にわたっているといえよう。

ワークショップ
協働作業

●⋯⋯⋯企画と基本構想の作成

基本構想

企画の段階では，利用者や図書館員の声を聞きながら，新しい図書館のあり方について構想を練るなど，整備の方針や目標とする図書館像について検討を行う。

そのために，優れた図書館の視察を行い，図書館に関する学識経験者や専門家を招いた研修会などを行い，必要とされる図書館についてイメージの共有を図る。

また，計画する図書館の蔵書冊数や床面積の規模，年間利用者数や貸出冊数などの利用状況についても想定を行う。この時点で，建設予定の敷地候補がいくつかに絞られていることが理想に近いかもしれないが，候補地が絞れていなくても目標とするべき図書館像について整理し，共有することが必要となる。

このほかにも，予算や開館までのスケジュールについても検討を行う必要があるが，「企画」の段階では，基本構想として整備の方向性を示し，目標とする図書館の在り方について整理する必要がある。基本計画書については，UNIT 6 で詳述する。

●⋯⋯⋯基本計画書の作成

基本計画書

企画段階で立案した基本方針や基本構想など目標とする図書館のあり方について，その内容を実現していくために必要な図書館サービスの内容，活動を支える器としての建築計画の視点から，より具体的な形にしていく。この基本計画書（図書館建築計画書）を作成する計画段階が，この後の設計，施工，開館までを規定するため，図書館全体の輪郭を描く上で，たいへん重要な段階となる。

活動を支える器

そのためには，まず地域や図書館施設の現状の分析を行い，公共図書館の場合では，中心館（中央館），地域館（分館），移動図書館車（BM）など地域へのサービス網を計画する。また，図書館での活動やサービス目標などを実現するために，具体的な蔵書冊数や開架冊数などの規模を数値化する。

開架冊数

各機能の関係性を整理し，利用者も管理者も使いやすい施設計画を検討し，開館後の管理運営の体制についても計画を行う。また，開館時間や休館日，セキュリティや維持管理についても計画する。

セキュリティ

●⋯⋯⋯建築設計と設計者の役割

この設計段階は，基本計画書として整理された内容を具体化する作業であり，敷地や法規，予算などのさまざまな設計条件の中で，利用しやすい建築を設計する。

建築設計の過程は，基本計画を受けて，基本設計から実施設計へと進んでいく。

基本設計

基本設計は，諸条件を勘案しながら具体的な形を形づくっていく作業であり，クライアント（施主，利用者も含む）と協議を重ねて合意形成を図っていく。この段階で，デザイン的な建築意匠だけでなく，構造や設備についても十分な検討を行う。

実施設計

実施設計では，基本設計で検討した内容を実際に施工するために必要となる詳細な図面や資料を作成する。最終的には，設計図書として，図面，仕様書，積算書などを取りまとめる。また，建設に向けて計画地周辺の近隣住民への説明や確認申請をはじめ各種届出と手続きを行い，施工においては図面や仕様書のとおりに工事が行われているか監理することも設計者の役割である。

サイン
家具工事

図書館は建築工事だけではなく，サインや家具工事も多い建物である。特に，耐震上の問題からも，家具などを壁や床に固定する場合も多く，建築工事との取り合いも重要となってくるため，使いやすさにも十分な検討が必要となる。

●‥‥‥‥**設計者の選定**

よい図書館施設をつくるためには，誠意をもって設計に取り組んでくれる設計者の選考がたいへん重要となる。現在では数多くの選定方式があるが，ここでは特命，設計競技，プロポーザル，設計入札について説明を行う。

特命とは，設計実績などから判断して，該当する設計者に直接設計を委託する方式である。特命で選定した理由を明確に説明して同意が得られない，または昨今の透明性や情報公開の高まりから，この方式が取られることは少なくなった。

設計競技

設計競技（コンペ，コンペティション）は，複数の基本設計案の中から，優れた設計案を提出した設計者を選ぶ方法で，「公開」と「指名」がある。「公開」は応募資格を満たしていれば誰でも参加できる方式で，「指名」は設計実績など特定の条件を満たす設計者を複数指名する方式である。設計競技では，基本的に参加報酬が支払われ，図面などが示された「設計案」を選定する。

プロポーザル（技術提案）方式

プロポーザル（技術提案）方式は，基本計画書など提示された計画条件から，設計のアイデアや取り組む姿勢などについての提案を求め，優れた提案をした設計者を選ぶ方法で，これも「公開」と「指名」がある。この技術提案にはイメージスケッチや空間構成に関する図版などが含まれるが，設計図面などは含まれない。設計事務所と担当者の業績，ヒアリングなどの質疑応答なども含めて，総合的に判断して決める。設計競技に比べ手間は少なくてすむため，このプロポーザル方式は増えているが，参加報酬は支払われない場合が多い。

設計入札

設計入札（見積合わせ）は，基本計画書などに基づいて設計した場合の設計料を入札方式で求め，安価で妥当と判断された設計事務所を設計者として選ぶ方法である。設計入札は，設計業績や提案書もなく，設計の質が確保されるのかどうか不透

明な部分もあるため，よい図書館施設の計画には望ましくない方法とされている。

●‥‥‥‥施工と開館

施工の段階では，入札方式により施工者を選定し，建設工事を行う。工事期間中は，たくさんの工事が重なるため，各工事との調整作業が重要となる。特に，図書館のサインや家具工事などは，書架付き照明なら電気工事，壁付単式書架ならば内装工事など，他の工事と関連する場合も多いため，スケジュールなど工程管理の調整が必要である。

また，建物が完成し，引き渡しが済めば，開館に向けた準備作業が始まる。新築，移転する場合などによって，準備する内容も変わるが，スムーズに移転作業が進むように，事前から十分に準備をしておきたい。図書を書架に配架し，実際の図書館システムを用いた研修も行う必要がある。

開館した後は，自己点検や事後評価を行い，改善に向けて取り組む必要がある。特に，ランガナタンが提唱した「図書館は成長する有機体」であるならば，開館後の評価・改善が重要となる。たとえ開館後でも，ちょっとした家具レイアウトの変更により，利用者と職員の動線や館内の雰囲気が大きく変わることもある。耐震性を考えると書架などの家具は，床固定が前提となるが，レイアウトが変更できないわけではない。利用者の様子を観察し，日常の業務で気づいたことも記録し，改修や修繕に向けて常に備えておきたい。

引き渡し
移転作業

自己点検
事後評価
図書館は成長する
有機体

●‥‥‥‥対話に基づく図書館づくり

各段階でのさまざまな立場の人たちとの対話を通じて，図書館の計画は深く，また広がりをもったものになる。特に企画や計画の段階では，「基本計画書」をクライアント（施主）や図書館建設検討委員会などが主体的に作成し，市民や学識経験者，図書館や図書館建築の専門家，関連団体の専門家や関係者から図書館サービスへの要望や地域のニーズを聞き取り，把握することが重要であると指摘されている。

日本図書館協会施設委員会主催の第38回図書館建築研修会「対話に基づく図書館設計づくり－設計は対話で深化する」においても，基本設計の段階では設計者とクライアント（施主），もしくは図書館長・司書との協働作業となるため，お互いのプロフェッションを尊重し，よきパートナーシップの形成が必要とされている。

近年では，各段階での住民も参加するワークショップの開催も増え，盛んに行われるようになった。しかし，ごく一部の市民が参加するだけで，市民の総意とはならないし，パブリックコメントを実施しても，形骸化しているのであれば意味はない。市民の声を聴く機会は，設計や施工段階でもいくつかあると思うので，設計者やクライアント（施主）など関係者は，意識して対話を続けていきたい。

パートナーシップ
ワークショップ
パブリックコメント

PFI による図書館建設

1) PFI の概要

　PFI（Private Finance Initiative）は，1990年代に英国で行われた PPP（Public Private Partnership）の官民連携事業の一種である。PPP とは小さな政府を志向し，「民間にできることは民間に委ねる」を基本とし，民間事業者の資金やノウハウを活用して社会資本を整備し，公共サービスの充実を進めていく手法で，具体的には PFI のほかに民間委託，指定管理者制度，民営化などがある。PFI は官が提供したい施設サービスを民間が先に自前で設計・建設・運営・維持管理を行い，15〜20年の間にかかるトータルコストを官は民間に分割払いをする。官が単独で事業を行う場合より，PFI で実施した方が運営を含めたトータルのコストが縮減される（VFM：Value For Money）としている。そのために民間は特別目的会社（SPC：Special Purpose Company）を設立し，SPC が PFI を実践する。事業期間中に SPC が施設をどのように所有するかによって，大きく BOT 方式（Build 建設→Operate 運営→Transfer 移譲）と BTO 方式（建設→移譲→運営）の2種類がある（植松貞夫「PFI による図書館整備」『Better Storage』日本ファイリング社，No.169，2006）。

2) PFI による図書館整備の状況

　PFI による公共の図書館整備も，2004年の桑名市立中央図書館（以下桑名，図 C-1）を皮切りに，埼玉県杉戸町立（2005年，以下杉戸），東京都の稲城市立中央（2006年，以下稲城），府中市立中央（2007年，以下府中），千代田区千代田（2007年，以下千代田），長崎市立（2008年，以下長崎），安城市図書情報館（2017年，以下安城，図 C-2）などで行われている。桑名は BOT 方式で SPC が図書館運営を行っており，稲城，府中，千代田，長崎などは BTO 方式であるが，図書館運営の一部を民間（指定管理者）へ業務委託している。安城も BTO 方式だが，図書館運営は直営である。

図C-1　くわなメディアライブ桑名市立中央図書館　　図C-2　アンフォーレ／安城市図書情報館

BOT方式の桑名や図書館運営の一部を外部の民間事業者に委託する場合，民間事業者が主にカウンター業務，自治体の職員が選書やレファレンス業務などを行うことが多い。一方，BTO方式の安城は，複合施設全体の維持管理業務はSPCが行い，図書館の専門業務部分だけ直営で運営されている。PFI方式による図書館建設は全国的に増えているが，運営が直営の館はまだ少なく，今後の動向が注目される。

PFIによる建設でなくとも，指定管理者による図書館運営の外部委託は全国的に進み，PFI本来の民間活力を生かしながら，ハードの建設だけではなく提供するサービスのソフトの質を保つことが求められている（今井正次，櫻井康宏編著『設計力を育てる建築計画100選』共立出版，2015）。

3）コストとリスクバランス

官としては，突出した建設コストを数十年の分割払いにより，平準化することができるのがPFI方式を採用する最大の魅力であろう。事業がうまくいっているPFI事例もあれば，問題を抱えている事例もあるが，どちらも施設利用者へのサービスよりはコストに関心が向けられている。PFIの制度自体の問題点から，官側の当初の見込みが大きく外れ，追加の支出が増えてしまう事態も少なくない。

こうしたリスクをどのように分担するかは，PFIの最重要項目であり，契約時に双方で確認するが，そのまま数十年間SPCへ支払い続けるより，解約した方がトータルのコストが安くなることもある。実際に違約金を支払って解約した病院の事例もあり，VFMの追求と同時にどのようにリスクを想定し分担するかが，事業の成否の鍵を握っている（尾林芳匡，入谷貴夫『PFI神話の崩壊』自治体研究社，2009）。

4）PFIによる職員問題

図書館のPFIや指定管理者では，民間がカウンター業務，市職員が選書やレファレンス業務といった業務分担だと長年働いても双方ともに専門的なスキルが身につかないとの指摘があり，安城のように直営によって運営している事例もある。

一方で，直営だからサービスがよく，民間だからサービスがよくないともいえない。直営図書館でも，司書等の専門職を置かず，専門性が高まらない図書館もあれば，岩手県立図書館では指定管理だからこそ専門家集団としての意識をもってサービスを提供することができると断言する場合もある。PFIではないが，NPOが図書館を運営して実績を上げている図書館もある。しかし，民間のスタッフも年功で給与の引き上げを行う必要があり，単一の組織だけでは職員をうまくローテーションすることができないなどの問題もある。

図書館のような施設では，安定した雇用が質のよいサービスを提供することにつながり，事業自体の成否だけではなく，事業の継続性についても配慮が必要である。

図書館の地域計画と配置計画

●………地域図書館（分館）の利用圏域

利用圏域

来館者密度

距離に対する抵抗感

卵形利用圏域

分館網計画

図書館サービス網

地域に対しどの規模の図書館をどこに配置すればよいのか，その地域計画を検討するために地勢や人口分布などを考慮し，利用圏域をモデル化して計画する手法がある。栗原嘉一郎らは，東京日野市，名古屋市などの分館で調査を行い，図書館利用率の指標として「来館者密度（地区人口1000人・一週間当たりの来館者数)」を用いて，その高低分布を等高線で表した利用圏域図を作成した（図5-1）。

利用圏域は同心円状に広がるのではなく，図書館を挟んで都心に近い側と逆側では図書館までの距離に対する抵抗感が異なるため，都心方向とは逆側に卵形に広がる「卵形利用圏域」が報告されている。このモデルを用いた分館網計画（図5-2）や移動図書館車（ブックモビル，BM）による図書館ネットワークシステムが提案されているが，設定される利用圏域は1.5〜2kmであった。

しかし，地方中小都市では中央館が未設置な地域もあり，半径1.5kmごとに図書館を設置することはかなり困難ともいえる。さらに，こうした市町村単位で図書館サービス網を考えるだけではなく，いくつかの市町村が集まった広域や県単位で，図書館の規模や圏域を設定して計画する手法も検討されている（図5-3）。

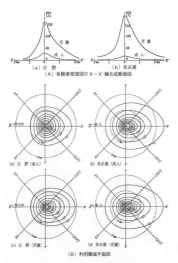

図5-1 卵形利用圏域図

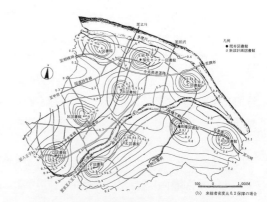

図5-2 卵形利用圏域を利用した分館網計画

（出典：栗原嘉一郎，篠塚宏三，中村恭三『公共図書館の地域計画』日本図書館協会，1977）

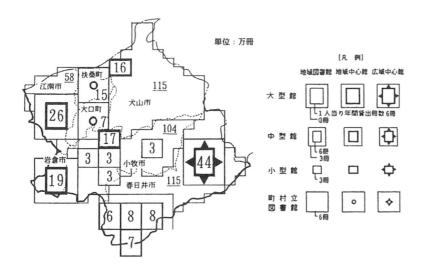

図5-3　広域での図書館サービス網計画（愛知県尾張北部）

（出典：栗原嘉一郎，中村恭三『地域に対する公共図書館網計画』日本図書館協会，1999）

●⋯⋯⋯地方中小都市における図書館の利用圏域

　一方，地方都市では，日常的な生活圏もマイカーを利用しているため広域化している。地方都市の図書館利用圏域を調べると，設置自治体内のほぼ全域から来館しているが，都心となるものがないためか卵形や同心円状ではなく，利用率の高い地区が図書館の位置から大きく偏心するなど人口分布などの影響を受け，地域固有の形に広がっている。

　従来から利用圏に用いられてきたモデル（重力モデル：利用率は距離の2乗に反比例する）では3kmで施設利用率は0に近づくと考えられてきたが，1990年代に調査したどの図書館も設置自治体以外の地域から約2割利用があり，利用距離は10kmを超える館もあるなどかなり広範化していた。

　地方都市の図書館利用圏域は，近くにあることで誘引される「距離の影響を強く受ける利用」と，車利用による距離に対する抵抗感が低減されて遠方から来館する「距離の影響をあまり受けない図書館に対する基礎的な需要による利用」の大きく二つの利用者層に分けられる（図5-4）二重構造となっていた。この二重構造は，日ごろは近くの図書館を利用し，たまに遠方の図書館を利用するといった使い分け利用ではなく，土・日曜に限らず平日も交通手段の約7割を占めるマイカーでの利用が，距離的な抵抗感を軽減し広い利用圏域を形成しているといえる。

　基本的に蔵書冊数が増えれば，館近傍よりも「距離の影響を受けない」利用者層が伸び，利用圏域が広がることが整理されている。一方，蔵書が多くても利用圏域

重力モデル

二重構造

が広がらず，逆に蔵書が少ないのに利用圏域は広がる館もある。これは周辺に蔵書の多い図書館が密集している地域では外からの利用は非常に少なくなり，図書館設置率が低いあるいは周辺に比べて規模が大きい場合は遠方からの利用が多くなるためである（図5-5）。各館の利用圏域は，蔵書冊数と周辺地域の図書館設置状況の影響を受けて，それぞれ固有の広がりを示している。

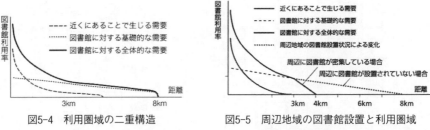

図5-4　利用圏域の二重構造　　　図5-5　周辺地域の図書館設置と利用圏域

（出典：中井孝幸「利用圏域の二重構造に基づく疎住地の図書館計画に関する研究」学位論文，2000.7）

（出典：松本直司，瀬田恵之，高井宏之，建部謙治，谷田真，中井孝幸，矢田努『建築計画学』理工図書，2013）

●⋯⋯⋯地域に対する図書館の配置計画の考え方

複数の図書館

使い分け

　地方都市では利用者は周辺地域にある複数の図書館を使い分けており，利用圏域は複雑に重なり合っている（図5-6）。利用者は図書館の施設サービスの内容をきちんと判断して，居住地にある図書館を使わない利用者も少なからずいる。距離に対する抵抗感が低減したことで，地域施設を均等に配置（図5-7），あるいは施設規模に応じて段階的に配置する計画手法の限界が示されたといえる。

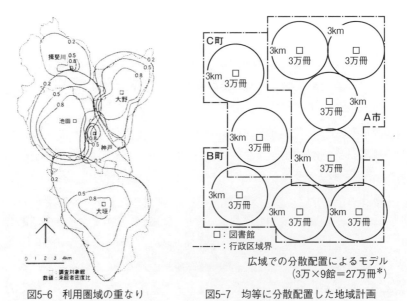

図5-6　利用圏域の重なり　　　図5-7　均等に分散配置した地域計画

（出典：中井孝幸「利用圏域の二重構造に基づく疎住地の図書館計画に関する研究」学位論文，2000.7）

相対的に人口の少ない地域では図書館も小規模となる場合が多く，都市部の単純な縮小版では図書館の魅力も低くなる。全域サービスのためには，サービス拠点を増やすことも考えられるが，利用圏域の考察から「近さ」が誘引する範囲は3km が限界であり，地方中小都市で半径3km ごとに図書館を設置することは困難である。

そこで，1館だけで利用圏域を3km 以遠まで広げなければならない地域の場合，図書館の魅力を高める必要がある。利用者の図書館への要望は，利用に応じて発達するため，高まった要望に対応できる施設サービスがなければ，継続した図書館利用もなくなるかもしれない。また，施設サービスの水準が低いと，図書館利用の需要さえ現れないこともある。すなわち，地方中小都市の図書館こそ，供給されたサービスが利用者の「需要を引っ張る」ように，一館一館の魅力づくりに重点を置かなければならない。

需要を引っ張る

●‥‥‥‥‥地域に対する利用圏域の二重構造を用いた図書館配置

利用圏域の二重構造

図5-5の利用圏域の蔵書冊数と広がりとの考察から，周辺地域（8km圏内）に同規模図書館が2館程度ある場合の蔵書冊数と利用圏域の広がりとの関係について，表5-1に整理する。3km の範囲で高い図書館利用率（来館者密度）を確保するには，最低でも「5万冊程度の蔵書」が必要と考えられる。蔵書を増やすには，空間的な容量や財政的な限界があるため，蔵書の魅力だけでなく，図書館内の空間づくりや設備機器の魅力で利用者を引きつけることも可能であろう。

表5-1　周辺に同規模図書館が2館程度ある場合の蔵書冊数と利用圏域との関係

蔵書冊数	来館者密度の伸び	館近傍の来館者密度	基礎的な需要による来館者密度
1.5万冊	3kmまで	100人程度の来館者密度が現れない可能性がある。	2km付近まで30〜50人程度の来館者密度が続く。
3万冊	3kmまで	100人程度の来館者密度	2km付近まで30〜50人程度の来館者密度が続く。
5〜7万冊	4km以上	100人程度の来館者密度	3km付近まで30〜50人程度の来館者密度が続く。
10万冊	5km以上	100人程度の来館者密度	3〜4km付近まで30〜50人程度の来館者密度が続く。
14万冊	6km以上	100人程度の来館者密度	4〜5km付近まで30〜50人程度の来館者密度が続く。
15〜18万冊	8km以上	100人程度の来館者密度	6km付近まで30〜50人程度の来館者密度が続き，10人以下の低来館者密度が12km近くまで伸びる。

（出典：中井孝幸「利用圏域の二重構造に基づく疎住地の図書館計画に関する研究」学位論文，2000.7）

また，生活圏がモータリゼーションの発達で拡大化していることを前提にすれば，1館だけですべての施設サービスを高度な水準で提供しなくても，複数の図書館で「機能分担」することも可能ではないかと考えた。つまり，平均的な水準の図書館を均質に数多く配置させるより，多少まばらでも各館で独自の高度な施設サービスを提供し，生活圏内に利用の選択肢を数多く用意する方が，利用者の多様なニーズに応えられるのではないかと考えられる（図5-8）。

機能分担

図書館間のネットワークは相互貸借サービスなどで確立しているが、リクエストした本が届くのを待つよりも、生活圏が広い利用者は隣町の図書館へ直接行くことも多いと考えられる。地域内の図書の搬送も大きな課題ではあるが、周辺地域も含めた利用制限のない「広域利用」を可能とすることも検討したい。

広域利用

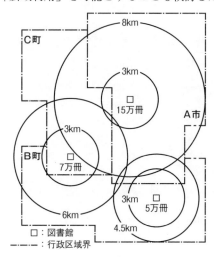

広域での集中配置によるモデル
(5万＋7万＋15万＝27万冊*)
図5-8　利用圏域の二重構造を用いた地域計画

(出典：中井孝幸「利用圏域の二重構造に基づく疎住地の図書館計画に関する研究」学位論文，2000.7)

●⋯⋯⋯モータリゼーションと図書館地域計画

モータリゼーション

モータリゼーションを前提にすると、交通弱者へのサービスが問題となる。従来からの移動図書館車（BM）によるサービスもあるが、数多くの図書の中から読みたい本を選ぶ、またCD・DVDを鑑賞するためにも、地域を巡回して住民を図書館へ連れてくるような「送迎サービス」も行うべきではないだろうか。

交通弱者

交通弱者へのサービスも含め、少しでも数多くの来館者を確保するためには、特に小規模図書館は、人口集積の大きい地区に設置するべきである。また、施設サービスを分散させるよりも他の公共施設と併設・複合させて施設機能の集約を図り、生活動線上の商業地域などに隣接させ、施設への近づきやすさを増すことも積極的に考慮するべきであろう（中井孝幸「地方中小都市における図書館利用とモータリゼーション」『現代の図書館』Vol.39, No.2, p.102-110, 2001.6）。

生活圏

これからの地域計画では、「広域利用」も視野に入れ、一自治体に一館といった行政区域だけに拠らず、おおむね中学校区を単位とした「生活圏」に基づく規模や圏域設定が優先されるべきではないかと考えられる。特に、人口の少ない地域では、丁寧に立地条件を考慮し、地域の実情に即した地域計画を立てる必要がある。

●‥‥‥‥大学図書館のキャンパスにおける配置計画

　大学のキャンパスにおける図書館の位置づけは，各大学によってさまざまであり，同じキャンパス内に複数の図書館が整備されている場合もあれば，中央館のみの場合，各研究棟に分館として分散している場合も見受けられる。

　実際に大学の中央図書館をいくつか訪問すると，キャンパスの中心部（図5-9），メインストリートの正面，正門付近に面した位置（図5-10）に配置されていることが多く，「大学の顔」として計画されている。

　また，最近では大学図書館でも，「主体的・対話的で深い学び」のためのアクティブラーニングが行えるスペースや，大学図書館内にラーニングコモンズといった学習活動をサポートするスペースの整備が進められている。

　各大学でキャンパスが単一や複数に分かれている場合もあるが，大学の教育理念に基づき，こうした学習スペースを「館内」に設けるのか，図書館に増築して「併設」するのか，また図書館とは「別棟」で計画するのか，キャンパス内で，学習環境をどのように整備していくのかの検討が重要となる。

　こうした新しい学習環境の整備も含めて，図書館内でどのような学習環境を提供しているか，2016年度に東海・北陸・甲信越地方の大学図書館で行ったアンケート調査（119館回収／208館配布）からみると，ラーニングコモンズとアクティブラーニング室は，館内の一部を改修して整備している事例がそれぞれ53％と60％と多かった。また，いくつかの大学では，図書館内ではなく別棟として計画される事例は，ラーニングコモンズが10％やアクティブラーニング室が30％も見受けられた（中井孝幸，楠川充敏「ラーニングコモンズのある大学図書館における学習環境の整備に関する研究　その1-2」『日本建築学会大会学術講演集』建築計画，p.123-124，p.125-126，2017.9）。

　今後は各大学の実情によりアクティブラーニングやラーニングコモンズが整備され，さまざまな学習環境を利用者は学習活動に応じて使い分けていくと考えられる。

主体的・対話的で深い学び

アクティブラーニング

ラーニングコモンズ

図5-9　大手前大学メディアライブラリーCELL　　図5-10　明治大学和泉図書館

公共図書館と学校図書館との連携

近年，中学校の学校図書室と地域図書館が隣接して整備されるなど，全国各地でさまざまな公共図書館と学校図書館との連携が図られていると思うが，学校図書室を地域図書館や分館として位置付けて，活動している事例が報告されている。地域への図書館サービスのネットワークでは，移動図書館車（BM）によるサービスが主流であるが，利用の頻度はかなり限定される。交通弱者へのサービスも踏まえ，公共図書館と学校図書館が連携して地域にサービスを提供している事例をみていく。

1) 地域図書館として学校図書館の開放

愛知県瀬戸市では，2000年度より地域図書館づくり推進委員会の教育方針の一環として，おおむね中学校区に1館を目標にして，市内の小・中学校の図書室へ土・日曜，祝日に司書を派遣し，地域図書館として運営している。2017年現在，すべての中学校区に設置できていないが，順次増やしていく予定である。

瀬戸市は市域が広く，中央図書館と分館1館だけではサービスが行き届かないため，土・日曜，祝日のみ学校図書館を一般開放しているが，利用者はそれほど多いわけではない。しかし，交通弱者でもある児童や高齢者が，徒歩で定期的に利用しており，ほとんどが中央図書館も利用している複数館利用者であった[1]。

2) 児童・生徒の読書習慣の継続をサポートする連携

また，小・中学校で読書習慣に関するアンケート調査を行ったところ，学校図書室をよく利用している児童は公共図書館もよく利用しており，中学生は学校図書室自体の利用が減少するが，学校図書室では物足りない生徒が公共図書館を利用している状況も整理された[2]。また，子どもの年齢が低い時期は家族同伴で公共図書館を利用し，その後学校図書館も利用するようになり，学年が上がっても読書習慣が継続する子どもは自分の意思で公共図書館を使い続けている[3]。

今後，学校図書館と公共図書館の相互利用を高め，子どもたちの成長とともに読書活動を推進し，継続，発展させていくために，活字を読む習慣を育み，子どもたちの読書環境を学校図書館と公共図書館が連携し，サポートしていく必要がある。

*1 村瀬久志，中井孝幸ほか「複数設置地域における利用圏域の広がりと使い分け行動に関する研究」『日本建築学会東海支部研究報告集』第55号，p.409-412，2017.2
*2 河口名月，楠川充敏，中井孝幸「児童生徒の読書習慣からみた学校図書館と公共図書館の相関性－子どもの発達段階からみた学校図書館の活用に関する研究　その1」『日本建築学会大会学術講演梗概集』建築計画，p.109-110，2016.8
*3 木尾卓矢，小中佑斗，中井孝幸「公共図書館と学校図書館の継続利用からみた子どもの読書活動－疎住地における図書館の設置計画に関する研究　その1」『日本建築学会大会学術講演梗概集』建築計画，p.107-108，2017.8

UNIT 6

● 図書館づくりのプロセス
図書館基本計画の意義と役割

●⋯⋯⋯基本計画書の役割と位置づけ

よい図書館施設を建設するためには UNIT 4 でも触れたように，日本図書館協会の『図書館ハンドブック　第6版』，『よい図書館施設をつくる』（JLA 図書館実践シリーズ　13）などさまざまな文献において，「基本計画書（図書館計画書）」の重要性が述べられている。現状の課題分析から，地域の中で果たすべき図書館の役割や今後の整備方針について，地域の実情に即して丁寧に整理しなければならない。

最も重要な点は，基本計画書を作成する過程の中で，検討しているメンバーで図書館の具体的なイメージを共有できることである。そのためにも，さまざまな立場のメンバーが集まり，多様な視点から図書館づくりを検討し，自分たちのビジョンをきちんと持つことが重要となる。

この基本計画書は，後につながる設計段階の設計者との協働作業のベースとなるため，つくりたい図書館を「ことば」で設計する必要がある。すべての地域住民に図書館サービスを図るためにも，質の高い図書館を目指したい。

基本計画書

●⋯⋯⋯基本計画書の内容と構成

図書館の基本計画書では，まず「現状と課題」を整理し，「図書館サービスの目標や方針」を立てる。地域のみならず図書館周囲の状況も踏まえ，「図書館システム」やネットワークづくりを検討し，「地域計画」などによるサービス水準を設定する。図書館サービスの内容を示す「サービス計画」，その活動の器となる建築についての「建築計画」を記述する。

図書館システム
地域計画
サービス計画
建築計画

地域計画では，対象となる地域の地勢や人口分布，他の公共施設の立地状況も合わせて，適切な図書館システムや規模を検討する。計画予定地が未定な場合もあり，候補地ごとの検討を併記する場合もある。

サービス計画では，提供する図書館サービスの目標や運営の基本的な考え方を整理し，蔵書に関する資料構成や開館時間などの管理運営についても整理する。

建築計画では，空間構成や各スペースに求められる機能や面積などを示し，家具や設備，サインなど設計に対する条件を整理する。

サイン

基本計画書の事例として，新潟県聖籠町での基本計画の目次を表6-1に示す。

表6-1　基本計画書の目次例

（出典：日本図書館協会編「聖籠町立図書館基本計画報告書」日本図書館協会, 2010.3）

●…………図書館建設準備室や建設検討委員会などの設置

　図書館の建設の初期段階から，図書館に関する経験豊かで，専門的な知識を有する図書館長または館長予定者を中心とした図書館建設準備室を設置することが望ましい。基本計画書を作成するには，この準備室を事務局として，建設検討委員会を設けて準備室と連携を図る。建設検討委員会には，行政の担当部局はもちろん，図書館長，図書館職員，学識経験者，図書館の専門家，建築の専門家，コンサルタント，住民の代表，ボランティア団体など，バランスのよい人選を行いたい。

●…………公共図書館の地域計画の内容

　公共図書館では，UNIT 5 でみたように，地域周辺の図書館設置状況も鑑みた図書館ネットワークと図書館配置の計画が必要となり，中央館（地域中心館）1 館でサポートするのか，地域館（分館）も含めた複数の図書館でサービスを提供するのか，人口の分布など地域の実情に応じて計画する必要がある。

モータリゼーション

交通弱者

サービスポイント

　特に，地方都市ではモータリゼーションなど，車での移動を前提とした計画になるが，交通弱者への配慮としては，移動図書館車（BM）によるサービスポイントも含めたサービス網の計画も重要となる。一方で，全国的にみると BM は減少傾向にあり，学校への巡回が多くなっているが，愛知県瀬戸市のように学校図書館を休日のみ図書館司書を派遣して中学校区に 1 館程度を地域図書館として開館し，交通弱者への図書館サービスを提供している事例もみられる（option D）。

生活圏

　市町村合併などで行政区域が変わったとしても，地域住民の日常の生活圏は大きく変わらない。図書館の地域計画では，行政区域にこだわらない，生活圏に基づく

規模と圏域の設定が必要である。ここでは，生活圏とはおおむね中学校区程度の広がりを考えているが，周辺の図書館設置状況など地域の状況に沿った丁寧な計画が求められる。

●⋯⋯⋯⋯サービス計画におけるサービス目標と規模設定について

　サービス計画としては，現状と課題を把握するために，設置母体（大学，自治体など）の地理的な条件や人口分布などの概略，当該図書館の建替えや分館等の建設などの沿革，前提となる図書館システムとネットワーク，周辺地域の図書館整備状況や最近の動向について整理したい。こうした状況を踏まえて，計画の基本方針，サービス目標を設定し，それを実現するために資料の収集と蔵書計画，運用組織の内容と人員配置，新しい情報技術に関する事柄，特徴的なサービスや運営，登録率や年間利用者数などの来館利用の想定を行う。

　図書館のサービス目標の設定については，大学図書館では学生数，公共図書館では人口に応じて数値的な目標が示されている。公共図書館は，文部科学省からは「図書館の設置及び運営上の望ましい基準」や『これからの図書館像』，日本図書館協会からは『公立図書館の任務と目標』や『Ｌプラン21』で数値目標が示されている。

　『Ｌプラン21』では図書館として機能するためには，蔵書冊数が５万冊，専任職員３人，図書館の床面積は800㎡が最低限必要であるとしている。算出の方法は，人口段階別の貸出密度（貸出冊数／人口）が上位10％の自治体の実績値をもとに基準値を算出する。算出する項目は，「延床面積」，「蔵書冊数」，「開架冊数」，「資料費」，「年間増加冊数」，「職員数」である。

　文部科学省の『これからの図書館像』では，このほかに「雑誌種数」，「新聞種数」，「映像資料数」，「聴覚資料数」，「登録者数」，「貸出点数」の平均値も示されており，目標とすべき数値が例示されている。しかし，こうした数値は算出した時期の実績値をベースにしているので，取り扱いには注意が必要となる。

　一方で，経験則から数値を検討する場合もある。例えば「聖籠町立図書館基本計画書」では，人口1.5万人，年間の利用を開架図書の回転率を３，貸出密度を15冊／人を目標として1.5万人×15冊／人÷３＝7.5万冊の開架冊数が必要となる。また，職員一人当たりでカバーできる年間貸出冊数を2.5万冊／人とすると，年間の1.5万人×15冊／人÷2.5万冊／人＝９人職員が必要となることが得られる。

　また，蔵書計画と資料収集については，各館での今までの蓄積やこれからの活動目標に即して，蔵書構成を計画する必要がある。特に，利用圏域が広い地域や，図書館未設置地域での新築などの場合は，周辺図書館の蔵書構成を把握して，参考にしながら計画することも必要となる。蔵書の新鮮度は，貸出用の図書で４年，参考用の図書で10年といわれており，利用頻度の下がった本は閉架書庫へ移動か廃棄処

サービス目標

蔵書計画

登録率

「図書館の設置及び運営上の望ましい基準」

『これからの図書館像』

『公立図書館の任務と目標』

『Ｌプラン21』

分とし，常に新鮮な図書がある状態にしたい。開館後3〜4年の成長期とそれ以降の成熟期では，資料の購入冊数も変わるため，図書の入れ替えと保存方法について蔵書計画として検討しておく。

　今や貸出冊数だけが図書館利用の評価軸ではないが，経験的に貸出密度が高い図書館は来館者も増え，さまざまな活動が展開されていることが多いため，サービス目標を定める上でも，貸出密度などの図書館活動の目標を設定することが重要なポイントとなる。

貸出密度

●………建築計画に関する内容

　図書館の建築計画に関する内容は，サービス計画に基づいて建築的な空間づくりや各スペースに求められる項目を整理する。まず，建築計画として人や地球環境にやさしい図書館づくりへの基本的な考え方，敷地の状況，安心安全な構造，増改築はもちろん新しい情報技術など将来計画への対応，地域やまちに対する景観づくりや建築意匠，来館利用者の人数や属性ごとの利用特性，利用や活動に伴うにぎわいと静粛性など音のゾーニングに関する項目について概観する。

人や地球環境にやさしい図書館づくり

音のゾーニング

　各部門や各スペースに求められる，機能や構成，必要面積，位置関係，駐車場と駐輪場の台数，配置される資料や情報の種類と量，閲覧席などの家具や設備の数と配置，わかりやすいサイン計画や望ましい館内の雰囲気などを整理する（西川馨『優れた図書館はこう準備する』教育史料出版会，2007）。

●………建築計画におけるスペースの相互関係と規模設定について

　公共図書館において必要とされる床面積は概算として，開架スペースでは80冊／㎡程度で計画されており，事務室や機械室を含めた建物全体でみると50冊／㎡程度とされている。図書館の機能が，地域中心館（中央館）か地域館（分館）かによっても面積は変動するため，サービス目標との整合性を図ることが重要である。

サービス目標

　必要な施設機能とスペースを積み上げて検討する方法については，先の「聖籠町立図書館基本計画書」を事例にみていくことにする。まず，サービスの目標値として，年間の貸出密度を15冊／人と設定し，そのために必要な開架図書などの蔵書構成や資料費などサービス水準の設定を表6-2に示す。新築移転として計画しているため，現状の蔵書構成をベースに蔵書計画を立てている。

蔵書計画

　図書館の基本方針やサービス目標のために必要な各スペースの構成と面積の試算結果を表6-3に示す。各スペースの面積は，閲覧席と書架間隔，閲覧席数などの試算結果に基づいて想定する。書棚一段当たりの本の冊数は，公共図書館では30〜45冊，大学図書館では25〜30冊程度であるが，少しゆとりをみる場合はそれぞれ30冊，25冊を用いることが多い。聖籠町の場合は，一般開架38冊／棚，参考図書35冊／棚，

表6-2　サービス目標とサービス水準の設定　（出典：聖籠町立図書館基本計画報告書，2010.3)

想定人口			15,000人
１人当たり目標貸出冊数			15冊／人・年
資料費*¹	開館年数	開館から４年間	開館から５年目以降
	住民一人当たり	2,500円	1,600円
	資料費合計	37,500千円	25,000千円
	図書購入費	30,000千円	20,000千円
年間購入冊数*²		18,750冊	12,500冊
開架図書	蔵書新鮮度*³	0.15	0.1
	年間受入冊数*⁴	15,000冊	10,000冊
	配架冊数（座席数）	100,000冊	（158席）
開架図書の内訳	成人用の一般図書	65,000冊	（60席）
	参考図書・地域資料	9,000冊	（20席）
	ヤングアダルト	3,000冊	（20席）
	児童図書	2,0000冊	（28席）
	視聴覚資料	3,000点	（ 6 台）
	新聞	30紙	
	雑誌	300誌	（24席）
保存図書	公開書庫	20,000冊	
	閉架書庫	80,000冊	
登録者	率	50%	
	人数	7,500人	

＊1　資料費のうち図書購入費は80％とする。副本を含む。
＊2　図書購入価格は 1 冊平均1600円とする。
＊3　開架図書の10％が年間に入れ替わるとする（受入図書のほぼ10年分が開架に配架）。
＊4　全購入図書のうち開架図書は80％，他は団体貸出などに準備する。

表6-3　各スペースの構成と面積試算　（出典：聖籠町立図書館基本計画報告書，2010.3)

部門構成			主要構成スペース	面積	備　考
利用者部門		玄関ホール	風除室		ブックポストの設置
			玄関ホール	30	電話コーナー，生活情報コーナー
			休憩・喫茶コーナー	30	自動販売機の設置
		中央サービス	総合カウンター	60	貸出・返却・総合案内用カウンター
			目録・検索スペース	20	OPAC 端末機の設置
	開架	ブラウジング	新聞雑誌	80	新聞30紙，雑誌300誌程度
			軽読書スペース		ブラウジング用ソファ席24席
		一般開架スペース	一般図書・読書スペース	605	一般図書6.5万冊，読書席60席
			和室	16	和室 8 帖（16㎡）
		参考図書・地域資料	参考図書・地域資料	119	図書等 9 千冊，閲覧席20席（個席，数人掛席）
			レファレンスデスク・研究個室	15	研究個室 2 室（7.5㎡×2）
		ヤングアダルト	青少年用資料等，読書席	59	図書等 3 千冊，閲覧席20席（個席，数人掛席）
			グループ学習室	24	グループ学習室
		児童開架スペース	児童図書等	226	児童図書 2 万冊，読書席28席
			児童サービスデスク	22	作業・準備室10㎡を含む
			授乳室	12	ベビーベッド，ミニキッチン，おむつ替え台
			お話室	30	30人程度収容
		アトリウム（冬の庭）	読書テラス	100	中庭的な温室
		視聴覚コーナー	視聴覚資料，試視聴席	40	貸出用資料 3 千点，試し試聴用デスク 6 台
		障害者サービス	対面朗読室・録音室	15	
		ボランティア	ボランティア活動室	25	ロッカー，打ち合わせテーブル，白板
		集会・展示	集会ホール	110	机使用時50人，椅子100人収容，調整室，備品倉庫含む
			小会議室	20	20人程度収容
			展示スペース	40	
		（小計）		(1698)	1698
書庫		保存部門	公開書庫	86	固定書架 2 万冊（文庫や全集などを中心に配架）
			閉架書庫	146	集密書架 8 万冊
		（小計）		(232)	232
業務関連部門		館外活動	BM の作業スペース	50	BM用の 2 万冊，作業スペース
			BM の車庫	50	BM 2 台用の駐車スペース
		事務・管理・業務	応接	15	
			貸出業務		
			整理作業	80	製本準備を含む
			選書作業		
			一般管理業務		
			郵便・荷解・配送	15	
		職員諸室	職員休憩	25	
			更衣・ロッカー	20	
			メンテナンス関係休憩	15	
		（小計）		(270)	270
共用		その他のスペース	機械室・電気室	205	全体の10％程度とする
			廊下・便所	205	全体の10％程度とする
合　計				2610	

児童開架40冊／棚，書庫は35冊／棚として計算している。閲覧席の種類や高書架か低書架については，サービス目標や基本方針に基づいて想定する。

　利用部門と書庫・業務部門，共用部などの部門構成，図書館利用や活動の内容に応じた各スペースとの関係性を図6-2に示す。利用者動線と職員動線が交差をしないように整理し，平面的な位置関係を検討する。敷地や計画規模によって何階かに積層する際は，エレベーターや階段の計画も必要となり，明快な動線分離が求められる。

利用者動線

職員動線

動線分離

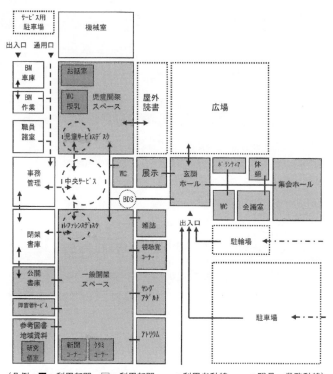

（凡例　■：利用部門，□：利用部門，←：利用者動線，----：職員・業務動線）

図6-1　スペースの相互関係　（出典：聖籠町立図書館基本計画報告書，2010.3）

●⋯⋯⋯図書館建築に求められる配慮事項

「音」のゾーニング

ユニバーサルデザイン

ピクトグラム

視認性

更新性

省エネ・創エネ

　空間的な配慮としては，「音」のゾーニング，明るさの確保と日射遮蔽，ユニバーサルデザインなど心理的バリアのない近づきやすいデザイン，ICT などに柔軟に対応できる設備，20年・30年と永く使い続けられる内装・外装材を選定したい。

　図書館家具やサインなどの計画では，見やすく・わかりやすいことが大前提で，絵文字（ピクトグラム）と文字の併記により視認性を高め，長期間の使用に耐え，変更が容易なシステムを検討したい。建築設備については，更新性に配慮した計画とし，省エネ・創エネを含む地球環境にもやさしい計画とする。

来館者数を予想する

1）図書館への来館者数の予測

地方中小都市での図書館利用は，駐車場の確保も重要な条件となるため，既往研究（『利用圏域の二重構造に基づく疎住地の図書館計画に関する研究』など）より一日に利用する来館者数を予測し，「望ましい基準」に示されていない駐車場台数や閲覧席数について，計画目標となる数値基準を算定する。

利用予測は，目標とする年間の貸出密度（貸出冊数／人口）を設定し，それを達成するには平均的な休日一日に何人の利用者が来館しなければならないのか，表E-1の調査当日の利用状況を用いて逆算していく。

ケーススタディとして，人口10万人，貸出密度の目標を「望ましい基準」より12冊／人と設定し，10万人×12冊＝120万冊／年と仮定して算定する。予測する項目，計算式，数値基準などを予測シミュレーションのフローを表E-2に示す。

表E-1　各館の調査当日の貸出利用状況

来館者アンケート調査	日進	稲沢	田原	碧南	全体
調査当日の来館者（人）	1,400	1,836	1,182	904	5,322
調査日の貸出者数（人）	802	1,366	656	449	3,273
調査日の貸出冊数（冊）	3,524	4,808	2,990	2,304	13,626
貸出利用者の割合（％）	57%	74%	55%	50%	61%
1人当たりの貸出冊数（冊／人）	4.4	3.5	4.6	5.1	4.2

表E-2　利用人数の予測シミュレーションと必要な施設サービス

必要量	予測する項目	計算式	数値基準
駐車場	想定人口と目標貸出密度	10万人×12冊＝120万冊／年	貸出密度12冊／人・年
	目標年間貸出者数	120万冊÷5冊／人＝24万人／年	5冊／人
	年間来館者数	24万人÷60％＝40万人／年	来館者の60％が貸出利用
	1週間の来館者数	40万人÷52週≒7700人／週	52週／年
	土日1日の来館者数	7700人×25％≒1925人／日	休日1日が週で占める割合25％
	ピーク時の来館者数	1925人／日×20％≒385人／ピーク時	1日の来館者数のピーク20％
	車の来館者数	385人×70％≒270人／ピーク時	車での来館を70％
	ピーク時の必要駐車台数	270人÷2人／台≒135台／ピーク時	車一台の同乗者数を2人／台
駐輪場	平日の来館者数	7700人×20％≒1540人／日	平日1日が週で占める割合20％
	ピーク時の来館者数	1540人／日×20％≒308人／ピーク時	1日の来館者数のピーク20％
	自転車の来館者数	308人×40％≒123人／ピーク時	自転車での来館を40％
閲覧席	着座した利用者数	385人×65％≒250人／ピーク時	着座行為率（人／人）を65％
	ピーク時の着座人数	250人÷0.5人／席≒500席	座席占有率（人／席）を50％

（出典：中井孝幸，秋野崇大，谷口桃子「図書館における利用者属性からみた座席の選択行動と過ごし方−『場』としての公共図書館の施設計画に関する研究　その1」『日本建築学会計画系論文集』Vol.82，No.741，p.2767-2777，2017.11）

一人当たりの貸出冊数を5冊／人，貸出利用者を来館者の60％として平均的な1週間の来館者数を求める。休日1日が週で占める割合を表E-3より25％[*1]，1日の来館者数のピークを20％とすると，休日の14時30分頃のピーク時には館内に400人近い利用者が滞在している（表E-2）。

2）ピーク人数に基づく必要な駐車，駐輪台数の予測

　休日の車での来館を70％，車1台当たりの同乗者数を2人／台とすると，ピーク時に135台（表E-2）となり，イベント時の余裕度を1.2とすると160台程度が必要となる。

<table>
<tr><td colspan="3">表E-3　曜日別の来館者数（一般）</td></tr>
<tr><td>調査館</td><td colspan="2">小牧市立図書館</td></tr>
<tr><td>調査日</td><td colspan="2">2008年7月5（土）-11日（金）</td></tr>
<tr><td rowspan="6">来館者数</td><td>土曜</td><td>542</td><td>21%</td></tr>
</table>

表E-3　曜日別の来館者数（一般）

調査館	小牧市立図書館	
調査日	2008年7月5（土）-11日（金）	
来館者数　土曜	542	21%
日曜	611	24%
火曜	432	17%
水曜	413	16%
木曜	185	7%
金曜	417	16%
計	2600	100%

表E-4　平日・休日の交通手段（一般）

小牧	平日	休日
徒歩	9.2%	6.6%
自転車	32.8%	27.3%
バイク	1.6%	0.6%
車	52.8%	62.3%
バス	1.6%	0.7%
鉄道	0.1%	0.2%
その他	1.9%	2.3%
回答者数	738	656

（出典：中井孝幸，秋野崇大，谷口桃子「図書館における利用者属性からみた座席の選択行動と過ごし方－『場』としての公共図書館の施設計画に関する研究　その1」『日本建築学会計画系論文集』Vol.82, No.741, p.2767-2777, 2017.11）

　自転車での来館は，表E-4より平日の方が多いため，平日の利用状況から台数を算定する。表E-3より，平日1日が週で占める割合を20％，平日も1日の来館者数のピークを20％，自転車の利用者を40％とすると，表E-2からピーク時は123人となり，試験時の学生利用を考えて余裕度を1.2とすると140台程度が必要となる。

3）ピーク人数に基づく必要な閲覧席数の予測

　想定した来館者数から必要な座席数について，着座行為率（着座人数／滞在者数）を65％，座席占有率（着座人数／席数）の平常時のピークを50％として算定する[*2]。休日のピーク人数を385人とすると，ピーク時に500席程度が必要となる（表E-2）。

---

*1　小牧市立図書館で休館日を除く6日間，中学生以上を対象とした来館者アンケート調査を行い，平日と休日の利用状況の差を整理した。児童は除かれているが，利用傾向を捉えるには十分だと判断した。

*2　座席占有率は，家具やレイアウトにも影響を受けると考えられるが，今回は一般的な閲覧席を想定して一人当たり800〜900mm程度の幅で計画し，対人距離も考慮して座席占有率を50％とした（UNIT 10参照）。

◉ 利用行動からみる利用者が求めるサービス

利用者層による利用内容の違い

●⋯⋯⋯**利用者属性とマイカー利用**

　三重，滋賀，岐阜県における地方中小都市での1990年代に16館で土曜日に行った来館者調査から，図書館の利用圏域が非常に広がっていることが明らかにされている（UNIT 5）。これはマイカーでの来館が約7割を占め，車利用による距離に対する抵抗感の減少が大きく影響している。

　立地条件にもよるが，図書館が市街地のいつも渋滞している幹線道路沿いに位置，駐車場が有料，または駐車場の台数が少なく停めにくい場合は，利用圏域が広がらず，相対的に来館者が少なくなる。逆に土・日・休日には，かなり遠方からでも車に乗って親と一緒に子どもたちが来館している。このため，利用者層としては交通手段を考慮して，単独あるいは友人同士と来ているのか，家族同伴で利用しているのかの大きく2つに分けて利用内容をみていくことにする。

　そこで，あまり細かく分けすぎて図書館計画に用いることができなければ意味がないので，大まかな利用の傾向をみるために，利用者を小学生以下の「児童」，中・高・大学生の「学生」，20歳以上65歳未満の「有職男性」・「有職女性」・「主婦」，65歳以上の「高齢者」の6属性に分類し，併せて「単独利用」と「家族同伴」とで考察を行う。利用の動向を読み取るため，児童と学生の「友人」とは「単独利用」に入れ，その他利用者属性の「友人」とは「家族同伴」に含めている。また，パートは「主婦」に，20歳以上65歳未満の無職男性も人数が少ないため「有職男性」に含めて分析している。

単独利用

家族同伴

利用者属性

表7-1　6つの利用者属性と同伴形態の構成割合〔16館合計〕

属性	人数	百分率	
児童	2056	26.3%	
学生	1344	17.2%	
有職男	1792	23.0%	
有職女	674	8.6%	
主婦	1624	20.8%	
高齢者	317	4.1%	
合計	7807	100%	単独利用51%，家族同伴49%　■：単独利用　□：家族同伴

（出典：中井孝幸「利用圏域の二重構造に基づく疎住地の図書館計画に関する研究」学位論文，2000.7）

表7-1に各属性と同伴形態との構成割合を示す。土曜日の調査なので，単独利用と家族同伴はおおむね50％ずつを占め，児童，有職男性，主婦，学生がどの館も20〜25％の割合となっている。児童と主婦は家族同伴が多く，逆に学生・有職男女・高齢者は単独利用が多くなっている。また，平日に調査をすると，児童・有職男性が減り，学生・主婦の割合が増えるが，平日と休日とで顕著な差はなかった。

●⋯⋯⋯利用者層と利用圏域の広がり

利用圏域の二重構造

　利用者層ごとの利用圏域の広がりを先の UNIT 5 の利用圏域の二重構造との関係で整理すると，以下に示すような大きく3つに整理される（図7-1）。

① 距離の影響を強く受ける利用者層

　交通手段が徒歩や自転車である「児童単独」と「学生」は，利用圏域が遠方まで広がらず3kmが限界であるが，図書館に近い1.5kmまでの範囲は高い施設利用率を示している。

② 距離の影響を受けるが周辺に図書館がない場合は遠方を使う利用者層

　約50％を占める「児童と主婦」を中心とした家族連れの利用者層は，車利用にもかかわらず近隣にある近くの図書館を利用し，近くにない場合は遠方の比較的大規模な図書館を利用する。「主婦」は施設サービスの魅力よりはむしろ，地縁的な近さの方が強く影響して利用する図書館を選んでいると考えられる。

③ 距離の影響を受けない基礎的な需要による利用者層

　利用者の約15％を占める「有職男単独」は，館近傍で施設利用率が高くならず，周辺地域の図書館設置状況にもあまり影響を受けず，蔵書冊数に応じて利用圏域が広がっている。「有職男単独」は距離の影響を受けることなく，利用する図書館サービス自体の魅力に強く影響を受けている利用者層といえる。

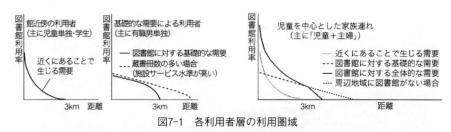

図7-1　各利用者層の利用圏域

（出典：中井孝幸「利用圏域の二重構造に基づく疎住地の図書館計画に関する研究」学位論文，2000.7）
（出典：松本直司，瀬田恵之，高井宏之，建部謙治，谷田真，中井孝幸，矢田努『建築計画学』理工図書，2013）

●⋯⋯⋯利用者の同伴形態と交通手段

　表7-2に利用者層ごとの交通手段の割合を示す。館近傍の距離の影響を受ける児童単独・学生は，徒歩・自転車での来館が約6割を占めている。

一方，館遠方まで利用距離が広がっているのは，児童・有職男女・主婦の「家族同伴」と有職男女の「単独利用」の２つに分けられる。児童も含めた家族同伴での利用は，９割が車で来館している。単独利用者は車が７割で自転車が２割弱あり，「家族同伴」と「単独利用」とでは交通手段に差が見られた。

表7-2　利用者属性と交通手段（16館合計）

	児童 単独	児童 家族	学生	有職男性 単独	有職男性 家族	有職女性 単独	有職女性 家族	主婦 単独	主婦 家族	高齢者	平均
徒歩	16.2%	4.2%	10.1%	5.5%	2.3%	3.1%	3.2%	5.5%	2.9%	16.6%	6.2%
自転車	59.2%	6.6%	49.1%	14.0%	4.5%	12.2%	6.5%	19.5%	6.5%	32.5%	19.9%
バイク	0.0%	0.1%	5.1%	3.7%	0.0%	4.2%	0.4%	3.8%	0.2%	5.6%	2.2%
車	18.2%	87.9%	22.1%	75.2%	92.5%	76.8%	89.5%	67.7%	89.4%	38.8%	67.7%
バス	4.9%	0.8%	3.9%	0.9%	0.3%	1.4%	0.4%	2.6%	0.5%	0.5%	1.8%
電車	1.3%	0.5%	9.6%	0.6%	0.5%	2.3%	0.0%	0.9%	0.5%	1.6%	2.3%
合計（人）	446	1694	1343	1127	666	426	248	532	1094	320	7896

（出典：中井孝幸「利用圏域の二重構造に基づく疎住地の図書館計画に関する研究」学位論文，2000.7）

●…………利用者の同伴形態と利用内容

　各利用者層の全体的な利用の傾向をみるため，表7-3に利用頻度・利用目的・平均滞在時間の利用内容を示す。

　平均滞在時間では，単独利用者は比較的に滞在時間が長くなっている。学生は「勉強」目的が25％と圧倒的に高いため，滞在時間が最も長いと考えられる。また，有職男単独と高齢者は「週に数回」が４割近い常連的な利用者層であることがわかる。滞在時間
常連的な利用者層

　各属性の家族同伴は，貸出期間の「２週に１回」が最も多く，「借りる」約40％，「返す」約30％と利用内容がよく似ており，図書の貸出利用を主とした利用者層であるといえる。貸出利用を主とした利用者層

表7-3　同伴形態別にみた各利用者層の利用内容（16館合計，目的は複数回答）

	児童 単独	児童 家族		学生	有職男性 単独	有職男性 家族	有職女性 単独	有職女性 家族	主婦 単独	主婦 家族	高齢者
合計（人）	438	1618	合計（人）	1344	1130	662	427	247	532	1092	317
頻度 月に数回	50.0%	57.3%	頻度 週に数回	37.5%	34.8%	18.1%	20.6%	19.8%	25.2%	20.8%	40.4%
月に1回	45.4%	37.4%	2週に1回	22.2%	35.7%	42.9%	41.5%	42.5%	44.2%	47.8%	34.7%
年に数回	4.3%	5.2%	月に1回	16.7%	17.9%	23.3%	22.7%	22.7%	19.0%	18.5%	14.5%
			年に数回	23.5%	11.4%	15.4%	14.8%	15.0%	11.1%	12.3%	10.4%
（回答数）	790	2946	（回答数）	2204	1138		797	448	971	1979	538
目的 借りる	24.1%	38.5%	目的 借りる	19.2%	33.4%	39.3%	38.0%	40.6%	36.8%	41.1%	31.2%
返す	13.0%	26.5%	返す	12.0%	20.9%	23.5%	25.5%	28.8%	29.1%	29.2%	17.8%
探す・読む	26.1%	13.8%	調べる・読む	25.3%	26.2%	18.3%	21.0%	16.5%	20.2%	14.6%	24.5%
CD・ビデオ	9.7%	5.7%	新聞・AV	7.5%	11.8%	6.3%	6.6%	4.2%	5.0%	4.3%	14.3%
勉強	11.5%	1.2%	勉強	25.1%	4.8%	1.1%	3.4%	0.2%	1.9%	0.4%	3.3%
イベント・遊び	8.9%	6.1%	ついで利用	10.8%	2.9%	11.5%	5.5%	9.6%	7.0%	10.4%	8.7%
連れられて他	6.7%	8.2%									
平均滞在時間	0:56	0:36	平均滞在時間	1:30	0:53	0:37	0:48	0:30	0:33	0:33	0:46

（出典：中井孝幸「利用圏域の二重構造に基づく疎住地の図書館計画に関する研究」学位論文，2000.7）

　一方，各属性の単独利用は，家族同伴に比べ「調べる・読む」が若干高くなっている。特に児童・有職男では滞在時間も長く，「新聞雑誌・AV」，「CD・ビデオ」

が高いなど，貸出利用だけではなく，新聞・雑誌や CD・ビデオ等を利用して館内での滞在を志向する利用者層であるといえる。

滞在を志向する利用者層

施設サービス

　館内で長時間滞在するためには居場所が必要であり，単独の利用者層は蔵書冊数や館内の設備・家具も含めた施設サービス自体に強く影響を受けて，図書館を利用していると考えられる。

●‥‥‥‥‥館内での滞在場所

館内の利用者の分布

巡回プロット

　2007年以降，アンケート調査を行った図書館において，館内の利用者の分布を把握するために，巡回プロット調査を10～15分おきに行い，事前に決めたルートを歩きながら調査員の目視によって姿勢，行為，大まかな利用者層を平面図に記入していった。利用者層は児童層，学生層，成人男性層，成人女性層，高齢者層の５つに分けて分析を行った。

　館内のどこに来館者が分布していたのかをみるために，巡回調査から得られた全利用者の位置を調査日１日について，田原市中央図書館（以下田原）でのプロットした館内の全体プロットを図7-2に示す。田原の１階は児童開架と一般開架の全体にプロットが分布しており，ソファ席や学習席，研究個室など隅々まで利用が広がっている。外が望める切り欠かれた場所のソファ席は，人気の席であった。２階は公開書庫のためか利用が少なく，学習席利用もそれほど多くなかった。

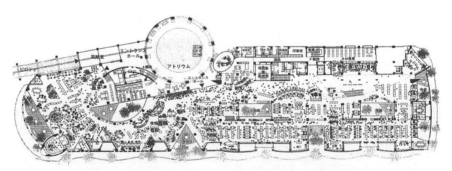

図7-2　滞在者の全体プロット図（田原市中央図書館１階）

（出典：中井孝幸，秋野崇大，谷口桃子「図書館における利用者属性からみた座席の選択行動と過ごし方－『場』としての公共図書館の施設計画に関する研究　その１」『日本建築学会計画系論文集』Vol.82，No.741，p.2767-2777，2017.11）

●‥‥‥‥‥利用者層の館内での行為内容

　各利用者層が，児童開架や一般開架，雑誌コーナーなどの滞在場所をどのように選択しているのかをみるため，巡回調査から利用者層別に館内でのプロット図を作成し，田原を図7-3に，田原と日進市立図書館（以下日進）の利用者層ごとの行為割合を求めたものを表7-4に示す。

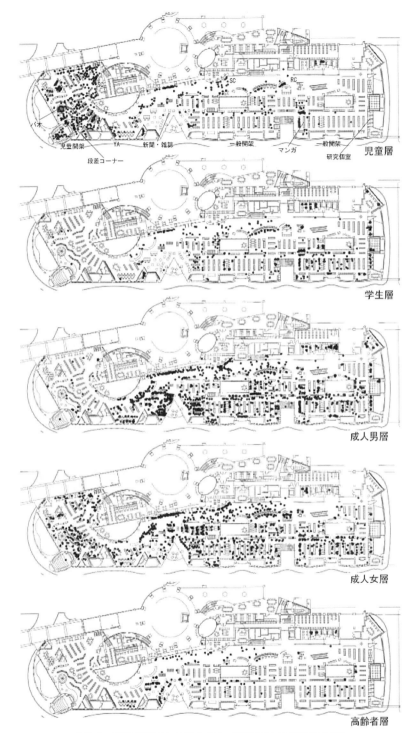

図7-3　利用者層ごとの館内分布（田原市中央図書館1階）

（出典：中井孝幸，秋野崇大，谷口桃子「図書館における利用者属性からみた座席の選択行動と過ごし方－『場』としての公共図書館の施設計画に関する研究　その1」『日本建築学会計画系論文集』Vol.82，No.741，p.2767-2777，2017.11）

表7-4　各利用者層の行為割合

		新聞雑誌	読書	探す立読	勉強	AV・CD	遊び会話	貸出返却	検索	移動	その他	計	人数
日進	児童層	5%	30%	16%	1%	1%	10%	6%	8%	9%	12%	100%	818
	学生層	1%	2%	4%	83%	0%	1%	0%	2%	2%	5%	100%	1499
	成人男層	13%	14%	17%	31%	0%	2%	5%	3%	6%	9%	100%	1341
	成人女層	9%	14%	22%	24%	0%	5%	7%	4%	5%	11%	100%	1184
	高齢者層	24%	17%	16%	16%	1%	3%	3%	4%	3%	14%	100%	496
	全体	8%	13%	14%	38%	0%	4%	4%	4%	5%	9%	100%	5338
田原	児童層	4%	24%	20%	4%	9%	10%	5%	8%	11%	4%	100%	830
	学生層	2%	20%	15%	34%	3%	3%	0%	3%	9%	10%	100%	737
	成人男層	23%	16%	20%	17%	1%	1%	2%	2%	11%	5%	100%	1661
	成人女層	11%	16%	37%	6%	1%	3%	3%	4%	14%	5%	100%	1149
	高齢者層	33%	20%	17%	3%	6%	2%	4%	0%	12%	5%	100%	324
	全体	14%	18%	23%	13%	4%	3%	3%	3%	11%	5%	100%	4701

（出典：中井孝幸，秋野崇大，谷口桃子「図書館における利用者属性からみた座席の選択行動と過ごし方−『場』としての公共図書館の施設計画に関する研究　その1」『日本建築学会計画系論文集』Vol.82，No.741，p.2767-2777，2017.11）

　表7-4から各館で多少の差はあるが，児童層は「読書」や「探す」が多く，学生層は「勉強」，成人男層は「読書」や「探す」，「新聞雑誌」が多く，成人女層は「探す」，高齢者層は「新聞雑誌」が多くなっている。図書館内に学習室がない田原は学生層の「勉強」が少なく，学習室の多い日進では成人層の「勉強」が多くなっている。

　また，姿勢をみると「着座」は児童層で約50％，学生層で約90％となり，成人層と高齢者層では男性は着座が多く，女性は「立位」が多い。これは先の既往研究から，女性の利用者は図書の貸出が多いため借りる図書を書架から選ぶ行為も多く，男性は雑誌や図書を読むなど着座した利用が多いことに影響を受けている。

　図7-3より田原の児童層は児童開架を中心に分布しており，館内にあるゲル（パオ）や書架と書架の間など小スペースでの読書を好み，またお話し室に続く段差のあるコーナーも人気で，ある場所に滞在するよりは面的に広がっており，一般開架の漫画本コーナーにもプロットがみられる。学生層は広い学習室がないため，勉強のために研究個室や端部の静かな閲覧席で連続30分程度の席利用が見られ，館内の一般開架で閲覧するときは通りに面した机を選択していた。

　成人男層は，児童開架に少なく，新聞雑誌コーナーを中心に一般開架全体にも分布が広がっており，着座行為の割合が多く，また学生層の分布とよく似ているなど，滞在場所は学生層とすみ分けている。成人女層は，児童開架から一般開架まで最も広範囲にわたって分布しているが，着座行為よりも探すなど書架間での立位が多い。

　高齢者層は，新聞雑誌コーナーや一般開架のソファ席の利用が多く，成人男層と同様に着座行為が多いが，滞在場所は全体に広がらず，ある程度限られていることが整理できた。

　以上から，学生層は学習室やキャレル席などを好み，成人男層や高齢者層はソファ席にプロットが集中するなど，利用目的や活動内容によって座席の選択は異なる。今後，こうした座席タイプと座席選択の関係については，明らかにしていきたい。

図書の貸出が多い

着座した利用が多い

座席の選択

図書館の立地による交通手段の偏り

　地方都市の図書館利用は，車での来館が約7割を占め，多い館だと8割近いところもある。近年，にぎわいの創出への期待から，中心市街地や駅前に図書館が計画されることが多くなってきたように思える。一方で，地価や建設コストの点から，駐車場の面積が十分に確保できない場合も多い。中心市街地や駅前に図書館を計画したからといって，日常の生活で車を利用している利用者が，図書館を利用するときだけ公共交通機関を使うことはなく，どこに計画してもアクセスを確保するため，ある程度の駐車場は必要となる。

　表F-1に示した中心市街地や駅前に立地している図書館の交通手段を調査すると，駅前立地だと鉄道の割合が若干増えるが，基本的に6〜7割は車で来館している。駅前立地の一宮市立図書館では，施設内に180台ほど立体駐車場を確保しているが，図書館利用者は1時間無料でそれ以後は30分ごとに100円課金されるためか，車利用は約4割しかいない。

　過去の調査に比べ，一宮では車で来館する主婦層が少し減り，徒歩や自転車で来館する図書館近くの高齢者層が増えるなど，交通手段に差が生じたことで利用者層の割合にも変化が現れている。また，主婦層は子どもと同伴して利用するため，主婦層が減ると児童の利用も結果として少なくなる可能性がある。

　立地の問題ではあるが，駅前や中心市街地での複合施設は，交通手段をどのように考えるかによって，利用者層に偏りが生じることもあるため，地域の実情を踏まえて慎重に計画するべきである。

表F-1　塩尻と一宮の交通手段と利用者層の割合 （全体）

交通手段	塩尻	一宮	過去
徒歩	9%	14%	6%
自転車	17%	20%	20%
バイク	2%	0%	2%
車	64%	41%	68%
バス	2%	5%	2%
鉄道	4%	13%	2%
他・不明	2%	7%	
総計	100%	100%	100%
（人）	739	1739	7896

属性	塩尻	一宮	過去
1. 児童	23%	22%	26%
2. 学生	16%	13%	17%
3. 有職男	23%	21%	23%
4. 有職女	9%	12%	9%
5. 主婦	18%	13%	21%
6. 高齢者	6%	10%	4%
7. 不明	6%	10%	
総計	100%	100%	100%
（人）	739	1739	7807

（出典：丹羽一将，渡邉裕二，中井孝幸「図書館のある複合施設における利用実態に関する研究」『日本建築学会学術講演梗概集』建築計画，p.413-414，2014.9）

UNIT 8

◉利用行動からみる利用者が求めるサービス

多様な利用者への図書館サービス

●………ライフステージと図書館利用の発達段階

　　若年世代の居住者が多い新興住宅団地は，図書館から少し離れていても，「児童＋主婦」の家族同伴での利用が多く存在する。また，新しい図書館がオープンすると，貸出冊数全体における児童書の割合は，開館後３年目までは４〜５割と高く，３年後は３割程度に落ち着いてくる。こうしたことから，図書館利用のきっかけとしては児童が重要であるといえる。

図書館利用のきっかけ

ライフステージ

　　このように図書館利用者は，図8-1に示すようにライフステージに応じて段階的に発達していると考えられる。子どもは成長すれば友人と来館し，貸出利用から勉強目的の利用や図書館離れが生じている。子どもが成長した後，親が単独で継続して利用するかどうかは，図書館の施設とサービス内容に大きく関係している。

　　子どもの成長後も，有職男性層は比較的単独でも利用するようになるが，主婦層は単独ではあまり利用しない。その理由として，主婦層は子どもを介した地縁的なつながりが強く，英会話や料理教室といったさまざまな学習活動を行っているため，図書館以外の施設サービスを享受しているからと考えられる。主婦層は貸出を主目的とする利用者層のため，子どもが成長した後も図書館を継続して利用してもらうためには，「新鮮な図書」や「雑誌種数」を充実させることが必要であるといえる。

新鮮な図書

雑誌種数

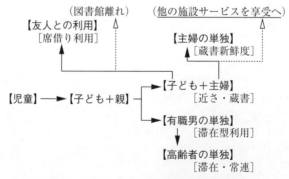

図8-1　ライフステージと図書館利用の変化

（出典：中井孝幸「利用圏域の二重構造に基づく疎住地の図書館計画に関する研究」学位論文，2000.7）

　　有職男性層は，距離の影響をあまり受けず，単独で広範なエリア内の蔵書冊数や

設備機器など施設サービスを「選択」し，滞在型の利用を行うようになる。こうして図書館を定期的に利用するようになった有職男性は，高齢者層がほとんど男性であることからも，常連化していくと考えられる。

滞在型の利用

　このような各利用者層の図書館に対する要求を的確に読み取り，各地域，各図書館に応じた施設サービスを丁寧に検討して提供することが必要となる。

●…………滞在型利用のできる居場所としての図書館

　どれぐらいの来館者が，図書館で本を借りているか。今まで行ってきた来館者アンケート調査では来館者一人ひとりに協力の声をかけており，アンケートを断られた人数も把握している。アンケート調査当日の来館者数に対する貸出利用者数の割合は，どの館でもおおむね60％となっており，高いところでも70％であった。また，図書館カード（貸出登録証）を持っていない人も２割近くいる。家族で利用して一人の図書館カードで貸出を行うこともあると思われるが，すべての来館者が図書の貸出を目的としていないことがうかがえる（表8-1）。

貸出登録証

　一方で，図書館という施設機能は，基本的に入館制限がなく，無料で，時間的な制約もないため，滞在利用も必然的に生じている。また，同じ目的で同じ空間を共有するため，子どもからお年寄りまで異なる世代が「交流」できる施設でもある。

　また，図書館利用者ではなく，地域住民に対してさまざまな公共施設の利用状況を調査（地域調査）すると，図書館はホールと１位２位を争うほど，かなり利用されている公共施設といえる。しかし，地域人口に対する図書館利用者の割合は約30％であり，残り70％の住民は図書館を利用していないということになる。

地域調査

　こうしたことから今後は，利用していない人も含め，図書館への近づきやすく親しみを感じてもらえるよう「地域のサロン」としてのあり方が求められるといえる。図書館のハコモノとしての存在意義は，真の「コミュニティ施設」として，多くの地域住民にさまざまな目的で利用してもらうことにあるといえる。

地域のサロン

表8-1　調査当日の貸出利用者と貸出登録証の有無

	大垣	池田	大野	揖斐川	神戸	合計
調査当日の総来館者数	1681	462	320	165	273	2901
調査当日の貸出利用者	937	261	193	117	164	1672
貸出者数／来館者数（％）	56%	56%	60%	71%	60%	58%
貸出登録証の有り（％）	82%	85%	81%	85%	80%	83%
無し（％）	18%	15%	19%	15%	20%	17%
回収数（人）	1267	406	303	146	246	2368

（出典：中井孝幸「利用圏域の二重構造に基づく疎住地の図書館計画に関する研究」学位論文，2000.7）

●…………複数図書館の利用

　図書館利用者の居住地と利用する図書館との関係をみると，1990年代の調査では

居住地にある図書館を使っている利用者は96％で，居住地以外の館を使っているのは４％と少ないが，約３割が居住地以外の図書館を利用している地域もある（表8-2）。

日常生活圏

もはや，居住地にある図書館だけを使うとは限らず，車によって日常生活圏は拡大し，距離的な「近さ」だけが図書館を利用する選択理由ではないことがうかがえる。

利用者は周辺地域も含めて利用する図書館を「選択」し，来館者の約２割が複数の図書館を使うなど，利用圏域は複雑に重なり合っている。また，2005年以降の同

複数の図書館を利用

様の調査でも，30～40％の利用者が複数の図書館を利用していることがわかっており，その選択理由は「近さ」と「蔵書の充実」がほとんどであった。地方中小都市では，周辺地域を含めた広い範囲で，利用者は蔵書などの施設サービスをよくみて，距離だけで利用する図書館を選んでいないと考えられる。

表8-2　単館・複数館利用者の居住地

単館利用者		複数館利用者		
居住地	居住地以外	居住地＋１館	居住地以外で２館	計
1068	29	260	28	1385
77.1%	2.1%	18.8%	2.0%	100%

（出典：中井孝幸「利用圏域の二重構造に基づく疎住地の図書館計画に関する研究」学位論文，2000.7）

使い分け利用

●…………東近江市における図書館の使い分け利用

滋賀県東近江市は１市６町が合併し，市内に７つの特色あるサービスを提供している図書館を持つ。合併前から各館の図書館利用は活発で，八日市図書館が中心館だが，他の６館も蔵書構成やスペースに特徴があり，市外からの利用も多い。

2010年にこの７館でほぼ同時期に各館の利用状況の調査をすると，複数館の図書館利用は，愛知県の日進・岡崎では約４割であったが，東近江は約６割と非常に高くなった（表8-3）。東近江市では蔵書が少ない図書館や，面積が小さく，座席数があまりない図書館であっても，それぞれの図書館の特徴を相対的に考慮し，利用目的に応じて複数の図書館を使い分けていることが明らかとなった（図8-2）。

表8-3　複数図書館の利用の有無

	日進	岡崎	東近江
複数図書館利用あり	42%	41%	56%
複数図書館利用なし	57%	55%	31%
不明	2%	4%	13%
合計	100%	100%	100%

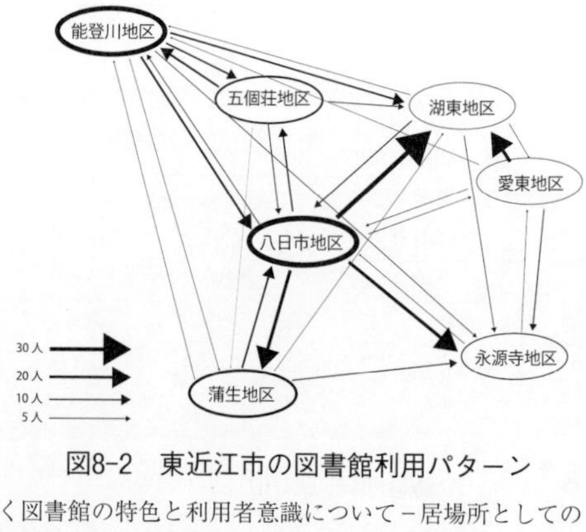

図8-2　東近江市の図書館利用パターン

（出典：秋野崇大，中井孝幸「使い分け行動に基づく図書館の特色と利用者意識について－居場所としての図書館計画に関する研究　その２」『地域施設計画研究』30，日本建築学会，p.127-136，2012.7）

調査中に，複数の図書館を同日中に利用する「ハシゴ利用」も観察された。また，ハシゴ利用
利用者は永源寺館で展示会を観覧し，湖東館にて本を探して借りるという利用目的
に応じた図書館の使い分け，愛東館では高齢の利用者が職員との会話のみを行って
退館するなど，図書館利用だけでない「地域のサロン」として利用されていた。

このように規模や距離による中央館と分館の使い分けでなく，各館の特徴を相対
的に考慮し，利用目的に応じて複数の図書館サービスを使い分ける「相対的な使い相対的な使い分け
利用
分け利用」が行われている（図8-3）。従来の図書やサービスによる図書館ネット
ワークだけでなく，各館の特徴を踏まえたネットワークが利用者に意識されている。

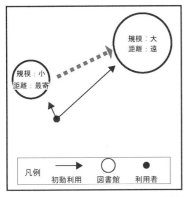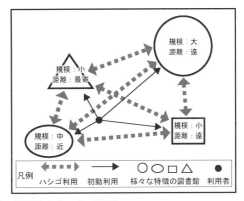

図8-3　図書館の相対的な使い分け利用

（出典：秋野崇大，中井孝幸「使い分け行動に基づく図書館の特色と利用者意識について−居場所としての
図書館計画に関する研究　その2」『地域施設計画研究』30，日本建築学会，p.127-136，2012.7）

●………大学図書館での需要の掘り起こし

文系，理系，外大など教育の特色がそれぞれ異なる大学図書館4館において，
2011～12年にアナログ資料とデジタル資料の使い分けについてアンケート調査でた
ずねたところ，使い分けにあまり差は見られなかった。利用者は，短時間で調べる，
最新のデータが知りたいときは「デジタル資料」，深く理解したい，時間をかけて
調べたいときは「アナログ資料」を使い分けていた。図書館資料はアナログだけで
もデジタルだけでも不十分であり，どちらか一方では利用する需要さえ起こらない
といえる。アナログとデジタルの資料をバランスよく両方を使えるように，机や閲
覧席などの家具やスペースへの配慮が必要である。

また同上の大学図書館に，館内に利用できるパソコンが少なく書籍中心の図書館
と，パソコンが多くてノートパソコンも貸出できる図書館があった。パソコンの少
ない図書館では，利用者の要望では「パソコンを増やす」が高くなると思ったが
まったく伸びず，「専門書を増やす」が最も高くなった。一方，ノートパソコンも
貸し出す図書館は，「パソコンを増やす」が最も高くなった（図8-4）。

つまり，利用者は享受しているサービスに対して要望や要求は高くなるが，受け享受しているサー
ビス

ていないサービスに対しては需要さえも起きないことが示されている。サービスを
供給する側の立場としては，「需要を掘り起こす」ように多様なサービスを提供す
ることが必要である。大学図書館では利用者が他の大学図書館を日常的に利用する
ことは難しく，享受していないサービスに対する需要は掘り起こされないため，普
段利用する図書館で偏りなく多様なサービスを各大学の教育理念に即して提供する
ことが必要ではないかと考えられる。

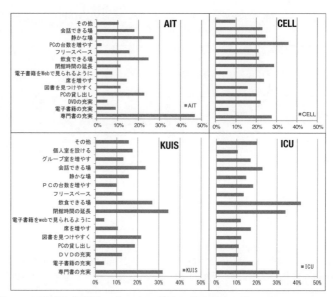

図8-4　図書館の相対的な使い分け利用大学図書館に対する要望（複数回答）

（出典：中井孝幸，蒋逸凡「大学図書館における学習環境と利用者の図書館像－『場』としての大学図書館
の施設計画に関する研究　その1」『日本建築学会計画系論文集』Vol.79，No.705，p.2347-2356，2014.11）

●…………図書館の明るさや開放性に対する利用意識

　利用者は1990年代の調査では約2割，最近の調査では約4割の人が複数の図書館
を利用している。その図書館を選択する理由としては，「近さ」と「蔵書の充実」
がほとんどであったが，図8-5に示した愛知県の日進市立図書館と岡崎市立中央図
書館で調査した結果，それぞれ近さや蔵書の充実に次いで，「明るさ」が施設選択
の理由にあげられている。

　アンケートでたずねたお気に入りの場所を見てみると，明るい窓際がよく選ばれ
ており，図8-6に示した日進の巡回調査の来館者全体の分布図でも，窓際はもちろ
んトップライトの下や吹き抜けに面したところに人は多く集まっている。「明るさ」
は，窓からの採光による照度だけではなく，そこからの眺望や吹き抜けなどの開放
性も含めた空間的な性能を表しており，それらに魅力を感じて利用者が選択してい
る。これは建築の空間的な魅力で，利用者を引きつけることができることを示して

需要を掘り起こす

明るさ
施設選択の理由

トップライト
吹き抜け

いるといえる。

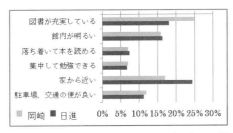

図8-5 利用する図書館の選択理由（日進・岡崎）

（出典：秋野崇大，中井孝幸「図書館における時刻推移と利用者属性からみた場の選択について－居場所としての図書館計画に関する研究・その1」『地域施設計画研究』29，日本建築学会，p.191-198，2011.7）

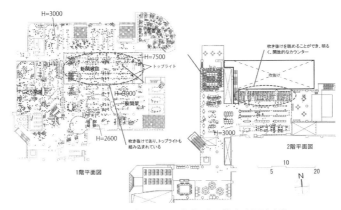

図8-6 来館者プロット図全体（日進市立図書館）

（出典：秋野崇大，中井孝幸「図書館における時刻推移と利用者属性からみた場の選択について－居場所としての図書館計画に関する研究・その1」『地域施設計画研究』29，日本建築学会，p.191-198，2011.7）

　公共図書館では，利用する図書館の選択理由として近さや図書の充実に次いで「明るさ」が選ばれ，座席選択の理由は「利用する書架の近く」，「風景が見える」，「リラックスできる」などがあげられている。大学図書館では，明るさや風景といった理由は少なく，個人とグループで少し利用理由は異なるが，どちらも自分たちの作業（学習活動）が行いやすい場所を選ぶ傾向がみられた。

　特に個人利用者は，窓から見える景色や明るさではなく，集中して作業ができるかどうかが座席選択の優先順位として高いが，6～8人掛けの大きな閲覧席は個人やグループにも利用され，キャレル席だからといってどの席も選ばれているわけではない。音環境だけでなく座席レイアウトや種類，利用時の座席周辺の人の密度などによっても影響を受けているため，図書館の施設サービスとして，さまざまな座席を用意することが必要である。

座席選択の理由

キャレル席

さまざまな座席

大学図書館における館内の利用者分布

　明治大学和泉図書館において，15分おきに行った巡回調査から，各階の利用者分布を1m四方のグリッド状に濃淡であらわしたものを図G-1に示す。

　1階のカウンターデスク前，2階のラーニングコモンズや新着本のコーナーには利用者が分布しているが，2階から4階までの書架エリアには利用者が少なく，キャレル席など閲覧席に利用が集中している。閲覧席では図書を利用して勉強している学生が多く，公共図書館に比べると「貸出利用」が少ないため，書架エリアで借りる図書を探す行為が少ないため，分布に偏りが生じていると考えられる。

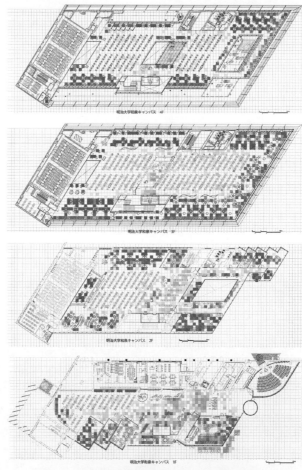

図G-1　明治大学和泉図書館における各階の滞在者

（出典：大山真司，田中隆一朗，中井孝幸「大学図書館の座席レイアウトからみた滞留行動について 居場所としての大学図書館の施設計画に関する研究　その2」『日本建築学会大会学術講演梗概集』建築計画，p.425-426，2014.9）

UNIT 9

◉ 利用行動からみる利用者が求めるサービス

貸出型利用から館内滞在型の利用

●‥‥‥‥図書館計画の系譜

　UNIT 1 の復習になるが，日本の公共図書館の歴史は，戦後1950年の図書館法制定後から始動したといえる。戦前の図書館では，館外貸出（帯出）のために身分証明書の提示や保証金が必要であった。「ユネスコ公共図書館宣言」（1949年）を受けて，無料を原則とした図書館法が1950年に制定されるが，当時は閉架方式など閉鎖的な図書館運営がまだ多く，大学受験生の勉強部屋との印象も強かった。

　1963年に日本図書館協会から『中小都市における公共図書館の運営』（通称：中小レポート），1970年に『市民の図書館』が出版され，知る権利を保障し，図書館の基本的な機能を「資料提供」と位置づけ，資料の収集・整理・保存を通して地域住民に奉仕することが図書館の理念であると唱えられた。これらを受けて，「貸出重視，全域奉仕，資料第一」を掲げた東京都日野市の移動図書館（BM）（1965年），日野市立中央図書館（1973年）での徹底した貸出重視の活動が全国へ広がり，図書館建設が市や区を中心に進められた。

　1990年代になると貸出型を中心としながらも，屋外の読書テラスも持つ福岡県苅田町立図書館（1990年）など多様な利用者ニーズに応える館内滞在型の図書館が現れ始めた。また，従来から貸出活動が活発であった千葉県浦安市立中央図書館（1983年）では，1989年に開架書庫（公開書庫）が増築され，ビジネス支援など成人への課題解決型のサービスにシフトして全国トップレベルの実績をあげている。

　このように貸出型の日野市中央図書館，滞在型の苅田町立図書館，課題解決型の浦安市立中央図書館がモデルとなり，また切妻平屋の滋賀県湖東町立図書館（1993年）など，各年代で話題になった図書館事例を参考にしながら，全国各地で図書館が建設されてきたといえる（松本直司編著『建築計画学』理工図書，2013）。

●‥‥‥‥館内での滞在利用

　1990年代に行った来館者アンケート調査では，公共図書館の平均滞在時間は49分程度であったが，2007年以降の調査結果では60分を超えている。同一館で調査を行ったわけではないが，立地条件や時期など特に大きく異なる点がないことを考慮しても，滞在時間は総体的に長くなっているといえる。

欄外注記:

図書館法

「ユネスコ公共図書館宣言」

中小レポート

『市民の図書館』

移動図書館

貸出型

読書テラス

滞在型

開架書庫

公開書庫

ビジネス支援

課題解決型

滞在時間

2007年以降の調査から滞在時間の頻度分布をみると，どの図書館も30分以内の利用がたいへん多く，来館者全体の約4割を占めている（図9-1）。また，どの図書館においても，4時間以上も利用している来館者もいるが20分以内の利用者が最も多く，頻繁に人が出入りしている。

　館内を10〜15分おきに巡回して利用者の姿勢や行為などを記録する巡回調査の結果，10分おきの滞在者数の時刻変動を図9-2にみると，どの図書館でも11時と15時あたりにピークがあり，さらに15時のピークは1日の総来館者数の15〜20％となっていることがわかった（『よい図書館施設をつくる』）。

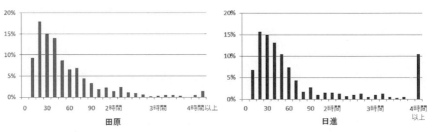

図9-1　スペースの相互関係公共図書館での滞在時間の頻度分布

（出典：中井孝幸，秋野崇大，谷口桃子「図書館における利用者属性からみた座席の選択行動と過ごし方－『場』としての公共図書館の施設計画に関する研究　その1」『日本建築学会計画系論文集』Vol.82，No.741，p.2767-2777，2017.11）

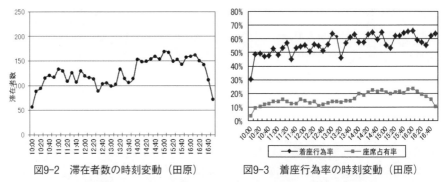

図9-2　滞在者数の時刻変動（田原）　　図9-3　着座行為率の時刻変動（田原）

（出典：中井孝幸，秋野崇大，谷口桃子「図書館における利用者属性からみた座席の選択行動と過ごし方－『場』としての公共図書館の施設計画に関する研究　その1」『日本建築学会計画系論文集』Vol.82，No.741，p.2767-2777，2017.11）

●………館内での着座利用

着座行為率

　館内での利用者の姿勢に着目し，巡回調査から着座行為率（着座人数／滞在者数）を求めた。図9-3の公共図書館での着座行為率の開館から閉館までの時刻推移は，おおむね60〜65％のあたりで推移していることがわかる。これはどの館でもほぼ同様の結果となり，どの時間帯でも館内にいる来館者の3分の2は席に座っており，着座に対する要求に地域差はなく，普遍的なものと考えられる。着座している分布をみると時間帯による偏りはなく，頻繁に座席を移動して，館内の隅々まで利用者

が入り込んでいることがわかっている。

　一方，図9-3の座席占有率（着座人数／座席数）をみると，滞在者数がピーク時にどの館でも40〜50％程度となる。これは，4人掛けの机に見知らぬ者同士だと対角線上に2人座ればほぼ満席となり，3人目はなかなか座れない。また，ソファが横一列に並んでいても，他者との距離を保つために一つずつ席を空けて座ることも多い。公共図書館では，こうした閲覧席一人当たりの幅や奥行き，仕切りの有無など，他者との距離感（対人距離）が，着座行為に大きな影響を与えており，座席の種類や数など施設計画にとってたいへん重要だと思われる。

座席占有率

対人距離

●……………利用者が図書館に期待している機能

　『市民の図書館』以降，図書館サービスを普及させるためにも貸出利用が中心に，交通弱者へのサービスとしてはBMによって図書館が地域や地区へ出向いていくことが基本であった。館内は勉強目的の学生の席借り利用が多くなり，閲覧席を占有するため勉強目的の閲覧席利用を厳しく指導する図書館も現れた。

交通弱者

席借り利用

　図書館の設置が進んでくると，利用者の多様化が始まり，勉強や貸出だけでない，家族みんなで来館するレジャー的な利用が現れるようになる。読書テラスなど館内での滞在を促すスペースも計画されるようになり，思い思いの場所でゆったりと過ごす利用者が増えた。また，アンケート調査で「図書館に対するイメージ」を聞いてみると，「知りたい・調べたいことがわかる」が60％と最も多いが，「新しい興味や関心を見つけられる」35％，「気分転換できる」25％など，図書館に「非日常性」を期待していることがうかがえる（表9-1）。

非日常性

　貸出中心の利用から日常生活の中で役に立つ図書館を目指し，成人の調べ物やレファレンスサービスに重点を置くサービスが始まっている（図9-4）。起業をサポートするビジネス支援の窓口を設け，さまざまな統計資料を用意する運用が行われている。

レファレンスサービス

表9-1　図書館に対するイメージ

（複数回答）	（%）
知りたいこと・調べたいことがわかる	59.5
日課として来る	2.7
友人・知人と出会い・交流する	2.4
時間をつぶせる	11.9
勉強や作業のための場所がある	18.9
自分の世界に浸れる	11
新しい興味や関心を見つけれる	34.3
気分転換できる	24.7
家族や友人とレジャー的に来られる	7.5
その他	4.4
回答数（人）	1658

（出典：中井孝幸「利用圏域の二重構造に基づく疎住地の図書館計画に関する研究」学位論文，2000.7）

図9-4　レファレンス室
（浦安市立中央図書館）

ブック・ディテク
ション・システム

ブック・ディテクション・システム（BDS）の中でも，熱中症対策から水筒やペットボトルなどの蓋つきの飲み物の飲食が可能なところは増え，にぎやかなレストランやカフェのある図書館も多くなってきた。図書館の資料の魅力はもちろんのこと，さまざまな学習発表ができる展示スペースや友人との待ち合わせなど，多様な活動をできることが利用を促す魅力となるため，設備機器や活動スペースの計画も重要となる。各図書館で目標に掲げられている「役に立つ図書館」とは，こうしたいろんな活動につながっていくことではないかと考えられる。

役に立つ図書館

●……………学習環境としての大学図書館

近年，さまざまな学習環境の整備が進められている大学図書館において，期待されている機能について利用状況を踏まえて整理を行いたい（UNIT 5 参照）。

2010年以降大学図書館で行っているアンケート調査から，同伴形態をみると7割以上は個人で来館し，利用頻度をみると1週間に1回以上利用する利用者は約8割を超え，非常にリピーターが多い。つまり，利用している人はたいへんよく使っているが，利用者が限定されているともいえる（中井孝幸，蒋逸凡「大学図書館における学習環境と利用者の図書館像−『場』としての大学図書館の施設計画に関する研究　その1」『日本建築学会計画系論文集』Vol.79，No.705，p.2347-2356，2014.11）。

リピーター

そうした中，利用者を増やすよう明治大学和泉図書館では，まず図書館に来てもらうためにアクセスしやすい場所である正門横に配置し，学習席だけでないリラックスできるソファ席を設けている。神田外語大学では，カラフルな閲覧椅子を設置することで多様な学習スペースを用意するなど，学生が立ち寄りやすい工夫も実践されている。また，利用者は学習する内容に応じて，学習スペースを使い分けているため（UNIT 10），需要の掘り起こしのためにも（UNIT 8），各大学の実情に即して偏りのない多様なサービス，家具やスペースを提供するべきである。

アクセス

需要の掘り起こし

アクティブラーニング

大学図書館では，アクティブラーニングなどの対話型学習の導入が進められ，多様な教育・研究活動を積極的に図書館でサポートするために，アナログやデジタル資料，ディスカッションできるスペース，学習相談ができるリサーチアシスタントなどを配備した「ラーニングコモンズ」（LC）が計画されるようになってきた。

ラーニングコモンズ

公立図書館や学校図書館も含め，こうした知の集積をどう活かして「学び」につなげていくのかに関心は移ってきており，各館で多様な学びを支える図書館のあり方が重要になってくる。2017年にオープンした安城市図書情報館（アンフォーレ）には，共用部ではなく図書館エリアの3階に，ラーニングコモンズのような「ディスカッション・スペース」が吹き抜けに面して計画されており，今後は公共図書館でもこうしたグループで利用できるスペースの計画が必要となってくる。

ディスカッション
・スペース

大学図書館での着座行為率

　公共図書館の着座行為率（着座人数／滞在者数）は60～65％であったが，大学図書館の着座行為率は，どの館も1日全体の平均で85～90％と高く，国際基督教大学（ICU）では95％と非常に高い値となった。

　1日の時刻変動をみてもほぼ一定で，着座に対する高い要求が示されている（図H-1）。特にICUでは書架のないデスクトップ型のパソコンが並ぶスタディエリアでのパソコン利用は非常に多く，大手前大学（CELL）でもパソコン席は人気が高いなど，パソコンの利用が着座利用を促しているといえる。

　大学図書館での館内のプロット図をみると，1日全体の合計をみても，書架の間には人があまり立っておらず，キャレル席や閲覧机などの座席に多く座っている（option G）。座席での行為に着目すると，「本」を利用しながら集中して勉強している。

　大学図書館でも図書資料は利用しているが，大学生は公共図書館に比べて本を借りないため「本を探す」利用が少なく，書架間でのプロットが減っていると考えられる。今後は書籍の電子化も進む中，大学図書館では特に，本と閲覧席との関係性について考慮する必要がある。

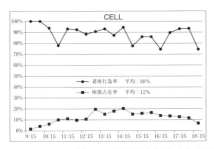 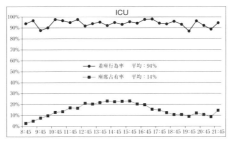

図H-1　利用着座行為率と座席占有率の時刻変動（CELLとICU）

（出典：中井孝幸，蒋逸凡「大学図書館における学習環境と利用者の図書館像−『場』としての大学図書館の施設計画に関する研究　その1」『日本建築学会計画系論文集』Vol.79，No.705，p.2347-2356，2014.11）

UNIT 10

◉ 利用行動からみる利用者が求めるサービス

図書館に求められる場所性

●⋯⋯⋯⋯図書館が果たすべき「場」としての役割

　2008年に滋賀県の永源寺図書館（当時は町立），愛知川図書館，野洲図書館で行った来館者アンケート調査と巡回プロット調査から，利用状況や座席の選択している要因を抽出し，利用者が捉えている各図書館の「場」の魅力について整理する。

「場」の魅力

　小規模な東近江市の永源寺図書館は，図書館内の畳コーナーやホールで，地域の人々の個展や同窓会を兼ねた作品展などの活動が行われ（図10-1），地域活動の拠点やふれあいの空間として利用され，「地域のサロン」としての役割を担っている。

地域のサロン

②4〜6人掛け机
有職者女性，学生が多く選んでいる。その理由は，[知人，家族で座るため] などである。

③1人用閲覧席
有職者男性・女性が[他人の視線が気にならないため] などの理由で選んでいる。書架の間に配置された所である。

①ソファ席
多くの属性が[居（座り）心地]，[リラックスできる]，[自分のいる所からの近さ]で選ぶ。男性が一定間隔を保ち座っている。

図10-1　地域のサロンとしての利用（東近江市永源寺図書館）

（出典：中井孝幸，谷口桃子「座席選択による居場所形成からみた『場』としての図書館に関する研究」『地域施設計画研究』33，日本建築学会，p.75-82，2015.7）

地域資料

　中規模の愛荘町の愛知川図書館は徹底した地域資料の収集で有名であるが，児童の友人との来館が多く，隣接するフィールドアスレチックのある公園と図書館を頻繁に行き来するなど，「動き」あふれる「学びの広場」として利用されていた（図10-2）。こうした，新聞の折り込みチラシや小学校の授業で作成したものまで地域資料として収集する積極的な運営方針が，子どもたちや中高生の図書館への近づきやすさ（アクセシビリティ）を増しているのではないかと考えられる。

学びの広場

アクセシビリティ

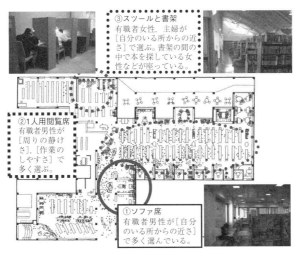

③スツールと書架
有職者女性，主婦が
[自分のいる所からの近
さ]で選ぶ。書架の間の
中で本を探している女
性などが座っている。

②1人用閲覧席
有職者男性が
[周りの静け
さ]，[作業の
しやすさ]で
多く選ぶ。

①ソファ席
有職者男性が[自分
のいる所からの近さ]
で多く選んでいる。

図10-2　学びの広場としての利用（愛荘町立愛知川図書館）

②一人掛けソファ
有職者男性・女性が[リ
ラックスできるため]，
[居(座り)心地]という
理由で，人で混み合っ
ている座席を選択。多
くの属性がこの座席へ
着座している。

①窓際のカウンター机
多くの属性が[図書資料を
広げられるため]，[他人の
視線が気にならないため]，
[周りの静けさ]で選択

③4人掛け机
有職者男性，学生が[自
分がいる所からの近さ]，
[作業のしやすさ]など
で選んでいる。

図10-3　都市的なにぎわい空間の形成（野洲図書館）

（出典：中井孝幸，谷口桃子「座席選択による居場所形成からみた『場』としての図書館に関する研究」『地域施設計画研究』33，日本建築学会，p.75-82，2015.7）

　図10-3の野洲図書館は1/4円の平面形で，円周部の窓側にはカウンター席，サービスデスク前の新聞雑誌コーナーに利用者が多く座っており，その座席の選択理由は，窓際は「外の景色がよい」が多く，雑誌コーナーは「人がいるから」という理由が約1割程度も見られた。

　野洲のサービスデスクの前にある雑誌コーナーは，人通りが多く会話も生じており，「都市的なにぎわい空間」となっている。都市部の通りに面したカフェのように，

新聞雑誌コーナー

都市的なにぎわい空間

人や車の行き来，会話や小さな音がある方がかえって，人ごみに紛れた匿名性が確保され，落ち着くこともある。こうした空間がすべての図書館に必要な空間とは思えないが，静かに本を読みたいという要求がある一方で，都市的なにぎわいも求められていることが整理できた。

こうした規模の異なる図書館利用の様子や座席選択の理由から，規模の異なる図書館にはそれぞれが果たすべき役割があることを表10-1のように整理した。地域のサロンからにぎわい空間としての図書館まで，さまざまな図書館サービスを用意する必要がある。

表10-1　図書館の規模と役割

図書館	規模	特徴	役割
永源寺	小	地域住民の小さな活動が行われ，利用目的が本だけではない。	コミュニケーション・出会いの場＝「地域のサロン」
愛知川	中	地域の学びの拠点として位置づけられ，児童同士でも来館して活発に利用されている。	多世代の交流・学びの拠点＝「学びの広場」
野洲	大	豊富な蔵書により成人男性の利用割合が高く，様々な利用が展開されている。	にぎわい・情報収集の場＝「都市空間の形成」

（出典：中井孝幸，谷口桃子「座席選択による居場所形成からみた『場』としての図書館に関する研究」『地域施設計画研究』33，日本建築学会，p.75-82，2015.7）

●‥‥‥‥‥静と動の空間の使い分け

大学図書館の館内の利用状況から，静と動の空間の使い分けについてみていく。

大手前大学（CELL）は1階が天井の高い開放的な空間で地下1階は開架書庫で静かな雰囲気であり（図10-4），神田外語大学（KUIS）は1階が静かな雰囲気で2階のMULKに常駐のネイティブの教員や留学生と会話が行われている。このように会話を許容しているフロアがわかりやすく分かれていれば，グループによるにぎやかな利用と，個人で静かに勉強するフロアが明快に分かれると考えられる。

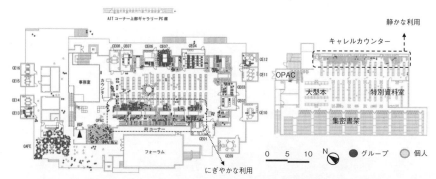

図10-4　大手前大学CELLの「個人」と「グループ」の滞在場所（巡回調査より）

（出典：中井孝幸，蔣逸凡「大学図書館における学習環境と利用者の図書館像－『場』としての大学図書館の施設計画に関する研究　その1」『日本建築学会計画系論文集』Vol.79，No.705，p.2347-2356，2014.11）

大学図書館での個人利用者は，公共図書館での窓から見える景色や明るさではなく，キャレル席やパソコン席など集中して作業するために静かな環境を選んでいる。

また，グループ利用者は，会話できるよう周囲を気にしながら場所を探しており，グループ室やにぎわいのある空間，音を出してもよい環境を選択しているといえる。

●⋯⋯⋯⋯コミュニケーションの場としての図書館

コミュニケーションの場

　大学図書館をアクティブラーニングなど議論や会話しながら勉強できる場として利用する一方，大学図書館は個人利用が多く，静かに自分の作業に集中できる場所も求めている。学習ツールとしてのパソコン利用により，個人はもちろんグループでの利用も行われ，アクティブな学習活動が展開されるなど多様な学習環境が求められている。

多様な学習環境

　2014年に愛知県内にラーニングコモンズのある大学図書館で行った来館者アンケート調査と巡回プロット調査から，館内での過ごし方を個人利用かグループ利用かでみると，開架スペースもラーニングコモンズも，個人利用が約65％，グループ利用が約35％となった（表10-2）。個人利用でも，個室やキャレル席などかなり周囲から隔離された環境を選ぶ利用から，ラーニングコモンズの議論している隣で一人利用，またグループで周囲に邪魔されないようにグループ学習室で集中して議論している事例がみられた。

ラーニングコモンズ

　以上から，学習環境には大きく，一人の利用からグループ利用まで，6段階の「場」が存在しているのではないかと整理された（図10-5）。利用者は自身の学習活動に合わせて学習環境を選択しているため，大学図書館においては，6段階すべての学習環境を整備できなくても，いくつか複数の学習環境を段階的に整備する必要があると考えられる。

表10-2　開架エリアとラーニングコモンズでの同伴形態の割合

利用形態	椙山		愛学		名学	
	開架エリア	ラーニングコモンズ	開架エリア	ラーニングコモンズ	開架エリア	ラーニングコモンズ
1人で利用	65%	67%	81%	66%	81%	64%
2人以上で利用	35%	33%	19%	34%	19%	36%
計	236	87	384	105	186	187

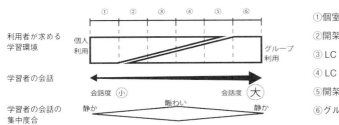

図10-5　大学図書館の学習環境に求められる「場」の段階性

（出典：楠川充敏，中井孝幸「大学図書館の大学図書館における利用行動と座席周辺環境からみた学習空間の階層構造－ラーニングコモンズのある大学図書館での『場』の階層性に関する研究　その1」『日本建築学会計画系論文集』Vol.82，No.732，p.341-351，2017.2）

●⋯⋯⋯図書館を含む複合施設の増加と「ついで利用」

複合施設

　中心市街地の活性化など，図書館を含む複合施設の整備が近年増加している。図書館を含む複合施設全体でアンケート調査をすると，図書館を使わない人は約15％，

ついで利用者

図書館と他の施設を利用する「ついで利用者」は15〜20％となっている。施設規模や複合している機能にもよるが，図書館のある複合施設では約8割の利用者が図書館を利用し，ついで利用者は約2割となり，図書館利用者が大半を占めている。つまり，複合施設といえどもよい図書館を計画しなければ図書館も利用されず，複合施設全体の利用率も下がるといえる（中井孝幸「図書館のある複合施設での利用調査から考える『ゆるやかな機能連携』」『図書館雑誌』Vol.110, No.4, p.222-225, 2016.4)。

共用部
フリースペース
半屋外空間

　複合施設での飲食スペースを含む共用部では，塩尻市の「えんぱーく」の廊下やフリースペースでは，学生の勉強や住民の学習活動，会話，飲食が行われ（図10-6)，一宮市の「i-ビル」3階の半屋外空間のシビックテラスでは，学生層や家族連れが飲食やおしゃべりをしていた（図10-7)。どちらも，図書館内でできない飲食や会話などが共用部分で行われ，お互いを補完し合っている状況が整理できた。

図10-6　「えんぱーく」のフリースペース　　　図10-7　i-ビルのシビックテラス

（出典：渡邉裕二，丹羽一将，中井孝幸ほか「『場』としての図書館計画に関する研究その1・2」『日本建築学会東海支部研究報告集』第52号，p.533-536，p.537-540，2014.2／中井孝幸「図書館のある複合施設での利用調査から考える『ゆるやかな機能連携』」『図書館雑誌』Vol.110, No.4, p.222-225, 2016.4)

　各利用者層の分布を見てみると，児童層は児童開架全体，学生層は勉強目的で閲覧席・学習室・共用部，成人男性層は一般開架全体，成人女性層は児童も含む開架全体，高齢者は新聞雑誌を中心に開架全体に分布するなど，利用者層によって利用するフロアや図書館内のコーナー，共用部の利用や分布に偏りが生じていた。

　また，学習室のフロア配置と学習利用の分布をみると，学習室があれば，共用部でも図書館内でも学生の利用が集中し，学習室が共用部にあると図書館内と学習室で学生が使い分けるなど，図書館と共用部の相互の空間構成によって，利用者層ごとで利用状況も異なるため，施設内容や機能は十分に検討する必要がある。

　塩尻市の「えんぱーく」は吹き抜けが多く，壁やガラスで各機能が仕切られていないため，図書館を含むついで利用が約3割と他の施設に比べて多くなった。いく

ゆるやかに連携

つかの機能がゆるやかに連携した複合施設では，単独館では現れない施設サービス

への需要の掘り起こしがされ，今まで利用してこなかった人たちに，施設利用のきっかけを与えることができるかもしれない（村瀬久志，中井孝幸「図書館を含む複合施設における平面構成と利用者属性からみた居場所形成」『地域施設計画研究』35，日本建築学会，p.187-194，2017.7）。

●⋯⋯⋯図書館における音のゾーニング

音のゾーニング

今までの来館者アンケート調査では，裏面に自由に意見を書いてもらっている。その調査票の自由記述をみると，「子どもが騒いでうるさい」と「うるさいと怒られた」という意見がたいへん多い。こうした「音」について，まったく気にならない利用者もいれば，気になって仕方がない利用者もいる。図書館は騒ぐ場所ではないが，利用するために過度の緊張を強いられる場所でもない。

塩尻市の「えんぱーく」は，1階の児童コーナーの貸出カウンターの隣に，子育て支援センターのカウンターがあるなど近い位置関係だが，子育て支援センターを出て帰る利用者が児童コーナーに立ち寄る利用は「ゼロ」であった。子育て支援センター内では，子どもたちも保護者も会話をしてにぎやかだが，一歩児童コーナーに出ると誰もしゃべらず，足早に歩く様子が観察された。図書館内は静かにしないといけないとの思いから，会話が自粛されているようであった（中井孝幸「子どもたちの『場』としての図書館」『図書館雑誌』Vol.111，No.10，p.660-663，2017.10）。

図書館は今まで静かな空間として計画されてきたが，多様な利用を促すには，静かな空間だけではもう限界ではないかと考えている。図書館は広く開かれた公共の空間であり，「にぎわいのある空間」と「静かな空間」をきちんとゾーニングして計画することで，利用者同士の不要なトラブルを回避し，各利用者が気持ちよく利用することができるのではないかと考えている。

にぎわいのある空間
静かな空間
ゾーニング
多世代が利用

子どもからお年寄りまで多世代が利用できる図書館であるが，館内で会話しながら交流している場面に出会ったことは少ない。館内での会話や「音」を許容することで，もっとさまざまな活動が展開できるはずである。

●⋯⋯⋯にぎわいやまちをつくる装置としての図書館

図書館内で最も人がいる場所は新聞雑誌コーナーのソファ席であり，ソファ席の選択理由をみると「居心地（座り心地）」が高く，「人がいるから」という理由で選んでいる利用者もいた。大勢の人に囲まれることで匿名性が確保され，安心感を得ていると考えられる。にぎわいのある空間の創出が都市的な落ち着きを生み出すこともあり，そうした空間を利用者はうまく使い分けているといえる。

匿名性が確保
都市的な落ち着き

「場」の魅力は利用者や場所によって違うが，ある程度の規模や地域によってその特色を活かして計画していくことが，今後ますます重要になる。

「場」の魅力

利用者の行動の軌跡

　2011年に滋賀県東近江市で，児童・学生・成人・高齢者の各属性を対象に合計が約40人となるように選定した追跡調査を行った。玄関から入り，館内を利用して玄関から出て行くまでの行動の軌跡（動線）約40人分を同一の平面図に描いたものを図I-1に示す。

　能登川と永源寺の２館とも，利用者が普段よく使う動線が密集した「メインルート」と，本の検索や座席へ移動するための「サブルート」の２段階構成となっていることがわかる。どの図書館でもメインルートとサブルートは形成されるが，どこにメインルートができるかは，書架やコーナー配置により各館で異なる。

　東日本大震災において，図書館でも天井からの落下物が多かったことが報告されている。安全な避難経路を確保するという点から，書架の連数を短くすることも含めて，メインルートへ迅速に，かつ安全に避難できるように計画することが必要である。

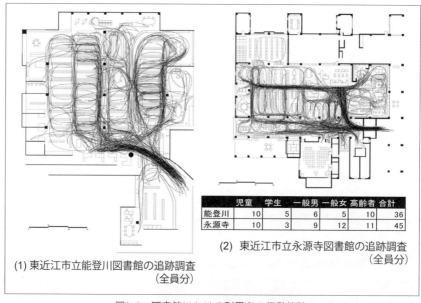

	児童	学生	一般男	一般女	高齢者	合計
能登川	10	5	6	5	10	36
永源寺	10	3	9	12	11	45

(1) 東近江市立能登川図書館の追跡調査
（全員分）

(2) 東近江市立永源寺図書館の追跡調査
（全員分）

図I-1　図書館における利用者の行動軌跡

（出典：神永侑子，田中雄一郎，秋野崇大，中井孝幸「図書館の特色による利用者の館内行動について：場選択と利用者意識からみた図書館計画に関する研究・その２」『日本建築学会東海支部研究報告集』第50号，p.473-476，2012.2）

● 図書館の部門構成と建築計画

平面計画の変遷

●⋯⋯⋯⋯図書館の開架方式と平面計画

図書館の開架方式は，図11-1に示すように書架の資料への近づき方と自由に資料の閲覧ができるかどうかによって方式がそれぞれ異なる。現在，多くの公共図書館では，利用者が自分で書架まで行き，そのまま閲覧できる開架式と，目録やOPAC（Online Public Access Catalog）などで資料を選び，職員に取り出してもらう閉架式が混在して運用されている。地域資料や貴重な資料を閲覧するときは，チェックが必要な安全開架や半開架式が採用される。

開架式
OPAC
閉架式
安全開架
半開架式

	平面のパターン	本の選択と貸出の手続き	書架まわりの計画
開架式	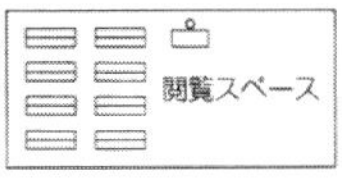 閲覧スペース	・利用者が書架まで近づき，本を自分で選び，直接書架から取り出す。 ・閲覧スペースへの持込は，そのままチェックを受けずに閲覧できる。	・図書資料を探しやすい書架レイアウト，サイン表示が必要。 ・書架間隔は，人や車いす利用者がすれ違えるようなゆとりが必要。 ・返却時に資料の配列が乱れるのを防止するため返本台を置く。
半開架式	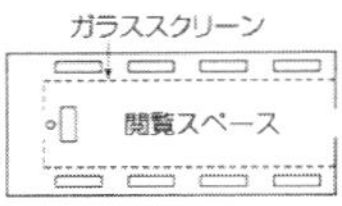 ガラススクリーン　閲覧スペース	・書架をガラス等で区切り，利用者は直接書架から本を取り出すことはできないが，本の表紙やタイトルを外から見ることができる。 ・閲覧スペースへの持ち出しは，チェックを受ける。	・地域資料や貴重な書籍，ある程度まとまったコレクションを展示するように配架するため，照明に注意が必要。 ・防犯や事故防止から，さまざまな注意喚起が必要。
閉架式	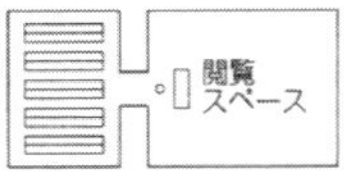 閲覧スペース	・利用者は直接書架から本を取り出すことはできないが，目録やOPACで本を選び，職員に取り出してもらう。 ・閲覧スペースへの持ち出しは，チェックを受ける。	・コンパクトにまとめるように，平面形は矩形が望ましい。 ・書庫内での職員の動線を重視して，効率のよいレイアウトとする。 ・防災や防湿など，書庫内に求められる環境保持に努める。

図11-1　図書館の開架方式

（出典：長澤泰編著『建築計画』市ヶ谷出版社，2007／松本直司編著『建築計画学』理工図書，2013）

また，多くの大学図書館では，書庫内にも利用者自身が図書を探しに行けるような開架式が取り入れられるなど，図書館の開架方式は開架式へ移行している。一方で，ガラス張りの公開書庫や閉架書庫，半開架式の開架方式を採用することで，量としてコレクションを見せる図書館も増えている（図11-2）。

公開書庫
閉架書庫

蔵書検索ではOPACなどのICT化が進んだことで，閉架書庫からの出納業務も増えた図書館も多い。そうした中，少し利用の下がった図書を閉架書庫へすぐに入れるのではなく，書架間隔が少し狭いが利用者も利用できる公開書庫を設ける図書館も増えている（図11-3）。

蔵書検索
出納業務

開架冊数を多く配架するためにも，壁面を書架として利用する事例も増え，愛知

県の田原市中央図書館はガレリアと呼ばれる吹き抜けに面した壁面に公開書庫として書棚を増設（図11-3），市立米沢図書館はこうした吹き抜けの壁面書架を閉架書庫として利用し，その他多くの図書館で蔵書の可視化が行われている。

単独館
複合施設
中心市街地
再開発

　少し前までは，図書館は低層の単独館が望ましく，さまざまな制約を受ける複合施設には慎重な立場を取ってきたが，最近は駅前や中心市街地に再開発などの手法を用いて，にぎわいの創出やまちづくりの視点から図書館を計画する事例も増え，開架閲覧室の平面計画の重要性が高まっている。

図11-2　集密式積層書庫（明治大学和泉図書館）　　　図11-3　公開書庫（田原市中央図書館）

●…………一般開架と閲覧スペース

　今までの開架エリアの平面計画を中心に時系列に概観することで，現在の開架エリアが抱える計画上の課題点を整理する。そこで，優秀な図書館を顕彰する目的で始まった日本図書館協会（日図協）主催の図書館建築賞の第1～22回まで受賞した

日本図書館協会建築賞

うち，都道府県立・大学図書館・国会図書館を除く中小規模の公共図書館の優秀賞19館，特定賞12館，建築賞18館の計49館を分析の対象として選定した（日本図書館協会施設委員会建築図集編集委員会編『図書館空間の創造　日本図書館協会建築賞作品集1985-2006』日本図書館協会，2007）。

一般開架
閲覧席
児童開架
レファレンス
サービスカウンター
ワンフロア

　分析の視点としては，利用者が使える「一般開架」との関連で整理するため，滞在型利用の拠点となる「閲覧席」，児童や親子が使う「児童開架」，最近見直されてきた課題解決を支援する「レファレンス」，貸出・返却はもちろん館全体の要でもある「サービスカウンター」に着目して各要素の平面的な構成を見ていくことにした。

　平面図を概観するとまず，諸要素がワンフロアにまとまっている場合と立地条件などから諸要素が複数のフロアにまたがっている場合に分けられた。一つの要素が別フロアにある場合もワンフロアとして数えると，ワンフロア型38件，分散フロア型11件となった。一般性という点からもワンフロア型を分析対象とし，いくつか特徴的な平面を図11-4に示す。

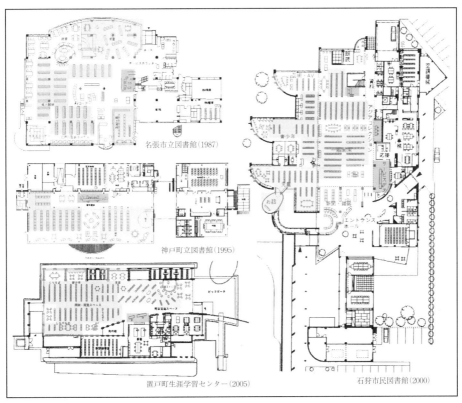

名張市立図書館(1987)

神戸町立図書館(1995)

置戸町生涯学習センター(2005)

石狩市民図書館(2000)

図11-4　図書館の平面構成

（出典：中井孝幸「公共図書館における開架エリアの平面計画の変遷」『日本建築学会東海支部研究報告集』第45号，p.585-588，2007.2）

●‥‥‥‥‥開架エリアの平面構成

1）閲覧スペースの配置

　一般開架と閲覧席との関係は，図11-5に示す「外縁型」，「混在型」，「逆転型」の3タイプに整理した。

　「外縁型」が74％と圧倒的に多く，開架エリアの主役が書架であることを表していると考えられる。「混在型」は書架の一群と一群の間に閲覧スペースが配置してある例が多く，書架と閲覧スペースが一体となった事例はなかった。「逆転型」は，沖縄県浦添市立図書館と長野県軽井沢町立図書館の2例しかなかったが，本に囲まれた雰囲気をよく出ているレイアウトとなっている。

開架エリア

閲覧スペース

2）児童開架の配置

　一般開架と児童開架との関係は，各ゾーンのレイアウトとカウンターの有無により図11-6に示す「独立型」，「L字型」，「並列型」の3タイプに整理した。

　カウンター兼用の並列タイプが，50％を占めている。当時，先進事例であった日野市立中央図書館や浦安市立中央図書館の影響を受けたためか，1985年まではL字

型が大半を占めるが，その後は減少している。1990〜2000年までは図書館全体の床面積も大きくなり，専用カウンターを持つ独立型が現れる。2000年以降は，また規模に関係なく並列側が現れる。

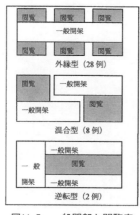

図11-5　一般開架と閲覧席

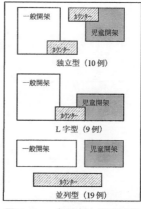

図11-6　一般開架と児童開架

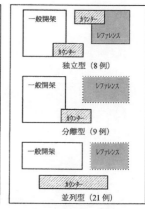

図11-7　一般開架とレファレンス

（出典：中井孝幸「公共図書館における開架エリアの平面計画の変遷」『日本建築学会東海支部研究報告集』第45号，p.585-588，2007.2）

3）レファレンスコーナーの配置

　一般開架とレファレンスとの関係は，間仕切りの有無などコーナーの独立性の程度とカウンターの有無により，先の児童開架と同じような図11-7に示す「独立型」，「分離型」，「並列型」の3タイプに整理した。

　児童開架と同様に並列タイプが50％を占める。専用のカウンターを持つ独立型とカウンターはないが部屋としてまとまりのある分離型は年代にかかわらず見受けられる。独立型は1995年以降減り，並列型が増えている。

4）カウンターの配置

　図書館サービスの基礎であるカウンターの形態についても，1か所に集約されている「集中」，集約はされているが児童開架などにもう一つある「集中＋1」，3か所以上に分散配置されている「分散」の3タイプに整理した。

　全体では，集中型が60％を占めていた。児童開架やレファレンスにカウンターがある「集中＋1」も，年代に関係なく見受けられ，1995年ごろから分散型が現れている。集中型でも福岡県苅田町立図書館や大分県宇佐市民図書館，鳥取県斐川町立図書館では，小さな個別のカウンターが1か所に集まっている例も見受けられた。

5）開架エリアの平面計画の傾向

　規模の大小にかかわらず，閲覧席は「外縁型」，児童開架とレファレンスは「並列型」というレイアウトが多いことがわかった。つまり，これは児童開架やレファレンスを壁やコーナーで仕切っていたものが取り払われ，一般開架とあわせて開架

エリアとして一体的に捉えているように思われる。

　一方で北海道の石狩市民図書館（図11-8）や置戸町立図書館（図11-9）では，書架の向きを変えて配置することで，一体として捉えながら分節化を図っている例も見受けられた。また，浦安市立中央図書館や石狩市民図書館，斐川町立図書館などでは，開架式の書庫のような「開架書庫」のエリアが設けられ，カウンターデスクも分散化する傾向も見受けられた。今後は，課題解決を支援するサービスを提供しやすいように，積極的に書架など資料のそばに出向いていけるようなカウンター（サービスデスク）の位置や形状の検討が必要となる。

分節化

開架書庫

図11-8　石狩市民図書館　開架

図11-9　置戸町立図書館　開架

●…………開架エリアのゾーニング

　開架エリア全体の平面計画について，概観する。開架エリアへの入口は1か所がよく，ブック・ディテクション・システム（BDS）などで不正持ち出しをチェックし，開架全体を見渡せて人の出入りや動きが把握できる位置にカウンターデスクを計画したい。特に，児童閲覧室は，サービスデスクから事故防止のためにも視線の抜けを確保できるように心がけたい。また，集会室利用者と閲覧室利用者との動線は，静かなエリアへ一堂に集会室から人が出てくることがないように，分離する方が望ましい。

　また，従来から図書館は静謐な空間とされてきたが，子どもたちがこもって利用するデンのような小さな空間（図11-10），個人利用だけでなく，家族同伴による

ブック・ディテクション・システム

静謐な空間
デン
小さな空間

図11-10　デン（日進市立図書館）

図11-11　親子での利用（野洲図書館）

ファミリーでの利用（図11-11），学生のグループによる利用形態などが増えている。こうした大学図書館でのラーニングコモンズのように会話を伴う複数人での図書館利用を今後どのように支えるのかが重要となる。

　近年，新しくできる市区立の中央館では，開架冊数が20万冊を超え，資料の探しやすさという点からも，さまざまな工夫がされている。利用対象者別や資料の形態別のほかに，資料の主題や内容別，よく貸し出される資料と調査研究用の資料など，利用内容やテーマによって分けるなど，日本十進分類法（NDC）の分類にこだわらないコーナーづくりや配架も実践されている。図書や資料の探し方をアンケート調査で聞いてみると，表11-1に示すように６割近い利用者が，図書を直接本棚から探している。こうした利用状況からみても，資料の探しやすいサイン計画と書架レイアウトが望ましいといえる。

主題

日本十進分類法
（NDC）

サイン計画

書架レイアウト

表11-1　図書・資料の探し方 （複数回答）

	碧南		田原		稲沢		合計	
レファレンスサービスを使用する	80	13%	84	12%	104	10%	268	11%
書架（本棚）を見る	329	52%	366	54%	569	53%	1264	53%
コンピューターで探す	279	44%	297	44%	515	48%	1091	46%
図書館のHPで探す	93	15%	91	14%	123	11%	307	13%
サービスデスクの職員に聞く	106	17%	145	22%	153	14%	404	17%
フロア内で作業中の職員に聞く	86	14%	109	16%	143	13%	338	14%
その他	9	1%	6	1%	17	2%	32	1%
回答数（人）	636		673		1079		2388	

（青山裕亮，中井孝幸「公共図書館における利用者の蔵書探索に関する研究」『日本建築学会東海支部研究報告書』第46号，p.553-556，2008.2）

児童開架室での子どもの姿勢と家具配置

　子どもたちの座席選択には，書架や閲覧席などの家具レイアウトが大きく影響していると考えられ，滞在位置，姿勢，行為から利用状況をみていく。調査は一般開架と児童開架が別々に計画されたA館と，児童コーナーと一般開架が雑誌コーナーを介して隣接しているB館の2館で行った。

　A館は親子が一時的に別々に分かれるため子どもたちだけで児童室を利用し，書架間で「立ちながら」や「（床に）座りながら」の姿勢で本を読む場面が多く，書架間での読書率は20％と高かった。B館では席に着座して親子で本を読む場面が多く，書架間での読書率は5％と低かった。A館とB館の家具レイアウトから，閲覧席の位置，書架の向きと連数の長さが，着座行為に影響したのではないかと考えた（図J-1）。

　A館では書架と閲覧席が並行しているため，書架間から閲覧席の様子が見えず，書架連数も最大で7連あったために回り込んで閲覧席へ行かず，その場にしゃがみこんで本を読んでいた。一方，B館は書架と閲覧席の位置関係が直交しており，書架間から閲覧席の様子が見え，書架の連数も5連と短いため，閲覧席へ移動して本を読んでいると考えた。

　児童開架では表紙見せ（フェイスアウト）や書架高さに関心があるが，書架全体の幅（連数），書架の向き，閲覧席への近さや見渡せるかどうかが，子どもたちの居場所選択に影響を与えているといえる。特に，児童開架は木製書架で計画されることが多く，書架の背板で奥が見えないため，注意が必要である。

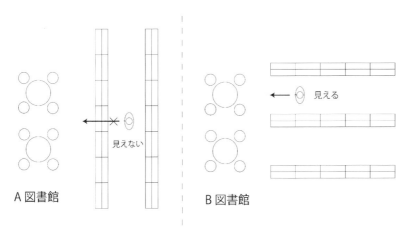

図J-1　書架と閲覧席のレイアウトと座席選択

（出典：中井孝幸「子どもたちの『場』としての図書館」『図書館雑誌』Vol.111，No.10，p.660-663，2017.10）

UNIT 12

◉ 図書館の部門構成と建築計画

部門構成と建築計画の基本的な考え方

●…………「ソフト」と［ハード］の関係性

　図書館建築には個性があり，同じプログラムでのパッケージ化はできない。

　ソフト面では運営母体である自治体や大学など組織の違い，利用者層やサービス圏域，ネットワークの中での位置づけ，蔵書数等の設定規模の違いなど，ハード面でも敷地形状や周辺状況の違い，許容面積や高度制限等の関係法令上の制約など，与条件はひとつとして同じものはないからである。

　また，公共空間として図書館に求められる社会的な役割も多様化している中，「どのような図書館をつくるか」との命題に対して，いかに関係者間の共通認識を深めることができるか，企画段階から開館まで対話の継続が望まれる。そして良好な「プロセス」が，開館後も「進化していく図書館」をつくっていく。

　図書館建築を設計する立場からしても，各部門の面積が決まれば，定石どおりの組み合わせ方で設計できるという単純なものではない。どのような使い方，過ごし方を想定するか，その前に，どのような立場の人が，どのような目的で活動の場を求めるのか，とことんソフトのありようを理解しなければ，それを支えるハードは設計できない。「設計」の羅針盤となる「計画」が重要である所以である。

　「計画」の内容は通常「基本構想」や「基本計画書」にまとめられ，周知を図る。次の「設計」段階への橋渡しとして部門構成を中心に，各部門・諸室の役割とともに，面積や収容冊数などの具体的な数値を明示したものが「建築計画」である。「基本計画書」の中の一項目として集約されることも多い。

　「建築計画」とは，いわばソフトとハードの関係性を，図書館ごとの個性にあわせて分析し，具体的な姿を描くための，その図書館ならではの与条件を整理したものといえる。その際，ソフトは現時点のみならず，将来の活動を可能な限り想定したものでありたい。これからの公共建築は100年機能させることが鮮明になりつつあり，ソフトの変化に対するハードの追従性も，ますます重要視されるようになる。

●…………「洞察」→「予見」→「創造」

　将来変化を前提にするとはいえ，まったく新しい発想に基づく図書館であればよいというものでもない。特に，建築設計側で注意すべきは，図書館本来の機能を熟

（左欄外の見出し）

ひとつとして同じ
ものはない

共通認識

プロセス

基本計画書

建築計画

ソフトとハードの
関係性

知せずして，みんなの広場的な側面を強調しすぎないことである。

　にぎわいを生み出し街に活気を呼べば目的達成という短期的評価に甘んじることなく，長期にわたり利用者の支持を集められる息の長い図書館を「創造」したい。そのためには，社会情勢，その図書館が重視すべき利用者サービス，実際の利用状況などの「洞察」から，これからの図書館サービスを「予見」する努力が欠かせない。

洞察，予見，創造

●‥‥‥‥図書館を先鋭化させる「編集」的視点

　本や雑誌への信頼は，手間暇かけた「編集」によるところが大きい。

　図書館も本が多いということだけではなく，それらの分類，排架に確かなルールがあるから頼れる。日本十進分類法（NDC）そのままでもなく，例えばくらしや季節ごとのテーマに基づいて，別置きする工夫も利用者の学ぶ意欲を喚起する。

　利用者に「図書館って面白い，使える！」と実感させるには，大量の本や情報提供ツールをその図書館らしく整理し魅せていく，いわば「編集」に近似する才覚がモノを言う。それは，日々軌道修正されるべきものであり，利用者の反応をみながら，また出版など資料提供側の状況変化を踏まえながら，図書館員は「開架閲覧エリア」をより使いやすい状態に変えていく。その戦略は，ソフトとともにハードも総動員することで，より先鋭化される。

「編集」に近似する才覚

●‥‥‥‥図書館建築における関係性の「編集」・デザイン

　図書館の「開架閲覧エリア」は，そうした図書館員の問題意識やアイデアを反映しやすい柔軟な環境であるべきで，開館後も続く試行錯誤が使いやすさと魅力を高めていく。

開架閲覧エリア

　図書館の設計は，そうした柔軟性をもたせた「開架閲覧エリア」を中心に，その他の部門をどう絡ませていくか，それらの「関係性」を整理・デザインしていく作業といえ，その意味で図書館の設計もまた「編集」の側面をもつ。

　そもそもハード（図書館建築）の部門構成に「唯一」の正解はない。「唯一」を阻む敷地や規模，予算などの制約が大きいこともあるが，なにより「唯一」には，意志に基づく編集やデザインの視点が入っていないから，ありえないのである。

「唯一」の正解はない

●‥‥‥‥図書館建築を構成する部門

　とはいえ，これまで図書館界が培ってきた前例をもとに，一般的な部門構成を整理することはできる。それぞれの図書館をカスタマイズするための基本モデルとして，表12-1，図12-1のように提示する。

基本モデル

表12-1　図書館を構成する主な部門と諸室・スペース

＜部門＞	＜室・スペース＞
1) エントランスエリア	①入口 ②エントランスホール，フリースペース… ③ブックポスト…
2) 開架閲覧エリア	①一般図書 ②郷土・参考図書 ③児童図書 ④YA（ティーンズ） ⑤新聞 ⑥雑誌 ⑦視聴覚 ⑧情報端末 ⑨その他
3) 管理・作業エリア	①サービスデスク 　　　：貸出，返却，案内，レファレンス ②事務　：事務室，館長室，会議室… ③作業　：荷受，配本，受入，選書… ④その他：休憩，更衣，倉庫，警備…
4) 保存エリア	①閉架書庫 ②サービスデスク背後の書庫 ③BM書庫 ④公開書庫…
5) その他のエリア	①集会，展示 ②カフェ，レストラン ③学習室 ④ボランティア室 ⑤トイレ，授乳室… ⑥機械室…

※右欄　ゴシック字：利用者スペース／明朝字：運営・管理者スペース

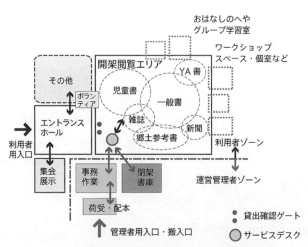

図12-1　図書館構成部門「関係性」基本モデル

●⋯⋯⋯図書館構成部門「関係性」基本モデルと，個々への応用

　表12-1に示した各部門は，どのような関係性をもたせて統合されるのが望ましい

か，基本モデルをダイヤグラムで表現したのが図12-1である。

　通常，この基本モデルのままにはうまく納まらない。敷地が狭いなど制約がある 制約
からだ。例えば，敷地に余裕がなく，すべてを1階にまとめることができないとし
たら，どの機能を2階に上げるか？

　そうした問題を解決していくプロセスを通して，「何を優先するか」，「利用者に ソフト面の意志や
対してどのようなサービスをすべきか」といったソフト面の意志や判断が共有され 判断
ていく。そして，それを踏まえた「関係性」の編集，的確なデザインにより，望ま
しいハードは立ち上がっていく。

　なお，このモデルは「貸出確認ゲート」を設置する場合の図である。ゲートの誤 貸出確認ゲート
動作に対し利用者を待たせることなく瞬時にフォローするため，職員が常駐する
サービスデスクの近傍に置く。開架閲覧エリアを1か所で管理することになるため，
「巾着袋方式」ともいわれる。

　なお，将来，狭いゲートを通ることなく「貸出確認」できるシステムが開発され
れば，利用者のアクセスはもっと自由にできる。一定規模以上の図書館において
「貸出確認ゲート」導入前の方が，平面計画の自由度が高かったのは事実である。

●…………各部門の「関係性」の的確なデザインのために 各部門の「関係性」

　図書館の設計は，必要とされる各部門をどのような「関係性」で構築するか，そ
の回答探しの側面を強くもっている。その際，ある部門の特定スペースが他の部門
にはみ出していくなど，「さじ加減」も求められる。

　より使いやすい解を導き出すための方法としては，それぞれの部門や主要スペー
スごとに，どの部門と関係性が強くあればよいか，検証してみることが有効である。
以下は一例である。図書館のサービス方針により違いがあるはずである。

　　・サービスデスク ⇔ 開架閲覧エリア／事務作業／閉架書庫／貸出確認ゲート…
　　・開架閲覧エリア ⇔ サービスデスク／エントランスホール…
　　・閉架書庫 ⇔ サービスデスク（一般＋児童）／事務・作業…
　　・展示 ⇔ エントランスホール／開架閲覧エリア（それらの動線上が望ましい）
　　　など

　例えば，通常の設計方法では「児童図書エリア」と「閉架書庫」は離れる。現場
では児童図書エリアのサービスデスクに1人でいる時に，閉架蔵書を求められたら
誰が取りに行くか……といった問題が生じる。サービスデスクの背後に数千〜1万 基本モデル＋さじ
冊程度の児童書庫があれば重宝……などが，「基本モデル＋さじ加減」の一例である。 加減

見通しの悪い，図書館のオープンスペースのあり方

　図書館の開架閲覧エリアは，広く仕切りのないオープンスペースを中心としながら，家具の多さから体育館アリーナとは対極の「見通しの悪さ」を宿命的にもつ。データベース，電子書籍などのデジタル情報も実体はないものの，それを検索・調査するための情報端末はモノとして，館内で活用する利用者のためのデスクや椅子等もモノとして，開架閲覧エリアの相当スペースを占め続ける。

　この「見通しの悪さ」が，使いづらさにつながるのか，ほどよい広さが連続し全体像の把握しやすい空間特性に仕立て上がるのか，その差は大きい。

　そもそもオープンスペースである開架閲覧エリアに，多種多様な家具や装置を散りばめる意味はなにか。それにより，ようやく本と人との出会い，人と人との学びあいなど，求めるコミュニケーションの場が用意されると捉えたい。この「コミュニケーション」をキーワードに，場としてのデザインの留意点を列記する。

1）ビジュアル・コミュニケーション
・全体像の把握しやすい場をつくる（知の総体を動体感覚で捉えやすく）
・魅力的な演出のしやすい場をつくる（運営側のデザイン感覚を発揮しやすく）
・メッセージの伝えやすい場をつくる（図書館員，利用者同士が鮮度の高い情報発信をしやすく）
・図書館員へ声をかけやすい場をつくる（待ち構えている雰囲気にみえる図書館員には声をかけづらい。建築がそのイメージを与えてしまうことのないように）

2）ハイブリッド・コミュニケーション
・印刷媒体とデジタル情報の相互利用しやすい場をつくる（一口にハイブリッドといっても単純には満足できないほど複雑化・高度化している）

3）ジェネラル・コミュニケーション
・利用者の年齢を越えたつながり（同世代＋他の世代との出会い，学びあい）
・家族復権の場として（図書館に休日揃って出かける家族は多い）
・自分の一生を省みる場として（かつて親や祖父母とともに訪れた図書館に，自分の子や孫を連れてくる。子どもたちに語りかけながら先代の記憶が蘇る……これは，代を継いで使い続けられる図書館においてのみ可能なこと＝よって図書館の恒久性（長持ち＋愛着）はハードの大きな役割）

開架閲覧エリアの計画

●⋯⋯⋯ 「開架閲覧エリア」を構成する基本スペース

「開架閲覧エリア」は，下記のスペースを中心に構成され，それらの組み合わせ
方，空間の絡ませ方により，その図書館は個性化される。　　　　　　　　　　　図書館の個性化

① 「本・資料等が配架されたスペース」

大量の本・資料等が順序だてて並ぶ，探しやすい書架や展示架群。

② 「検索スペース」

データベースや館内蔵書の書誌データなど，デジタル情報にアクセスできる常設
の端末等が設置された場所。使いやすいデスク，機器，通信設備等の環境整備。

③ 「閲覧スペース」

調べる，学ぶための場所で，多様な目的に応じて選べる複数種の座席群を用意。

④ 「グループ学習室，おはなし室，静粛学習室など，囲まれたスペース」

会話できる，逆に静寂を求めるなど，オープンスペースと異なる多様なニーズに
対応できるように，ガラススクリーン等で仕切られたスペース。

⑤ 「サービスデスク，レファレンスデスク周辺」

利用者と図書館員との主要な接点。利用者にとってその存在や受けられるサービ
ス内容がわかりやすく，声をかけやすい環境でありたい。など

●⋯⋯⋯ 「一般図書エリア」と「児童図書エリア」の関係性と階層構成

開架閲覧エリアは「一般図書エリア」と「児童図書エリア」に分けることが多い。
案内図等にもそれらの名称が記載され，あえて「開架閲覧エリア」という呼称を登
場させないことも多い。一般図書と児童図書を混配し，場を分けない考え方もある。

「一般図書エリア」内は，「一般図書スペース」，「郷土・参考図書スペース」など，
並ぶ本の内容によって区分できるが，資料名そのものが場を表すとして，あえて
「スペース」を付けない場合が多い。その中にテーマに応じた「展示コーナー」や
「対面朗読室」などが組み込まれ，緩やかなヒエラルキー（階層構成）を形成する。　　緩やかなヒエラル
キー

なお，「子どもコーナー」や「高齢者コーナー」のような利用者を限定するイメー
ジをもたせてしまう呼称ではなく，あくまで本の主題で場所を示す方が，どの世代
にも心理的バリアを感じさせず，利用しやすさにつながると考える。

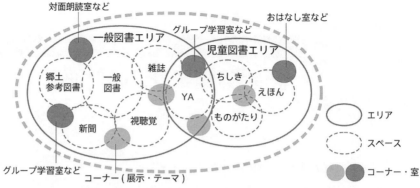

図13-1 「開架閲覧エリア」の緩やかなヒエラルキー（階層構成）イメージ

●………「書架配列」と，開架閲覧エリアの「モジュール（寸法体系）」

開架35万冊に及ぶ新潟市立中央図書館の設計において，当初は大規模ゆえにゆったりとさせるべきと考え，書架間隔を2mとしてスタートしたが，ほどなく1.8mに落ち着いた。その理由は以下のシミュレーションによる。

すべての本を6段書架に効率よく納め，書架を一列につないだ場合，最後の1冊をみるには何m歩かなければならないか。答えは1,200mを超える（∵常時館外貸出率10%とし，その分減じて計算：350,000冊×0.9／6段／38冊×0.9m≒1,243m）。

書架間隔　よって，大規模図書館であっても探しやすい環境であるために，書架間隔のゆとりもさることながら，端から端までの距離の短縮を重視した。とはいえ書架間隔1.8m（＝1,800mm＝900mm×2倍）に支障があるわけではない。むしろ現代図書館で最も採用の多い寸法体系である。

そのコンパクトな合理性を，図13-2にまとめる。

① 書架幅を450mmとすると書架列の隙間は1,350mmとなる。車いす利用者と立って歩く人がすれ違える，および車いす利用者が90°回転できる限度寸法といわれる。理想をいえば180°回転できる1,500mmが望ましいが，その分面積が広くなり隅々まで遠くなるのも辛い。よって1,350mmとし，そのかわり書架の連数を長くせずに横通路を適切に確保するのが現実的と考える。900mm幅書架×5～8連で4,500～7,200mmとなり，8連程度までを目安にしたい。なお，車いすの大きさはJIS規格で，大型でも幅700mm，全長1,200mm以下と定められている。

900mmの倍数　② 閲覧席も900mmの倍数で納めやすい。相向かいテーブル1セット2,700mm（テーブル奥行1,200mm＋座席間1,500mm）。2セット並ぶと5,400mmになる。また，円形テーブルは少しコンパクトで2,400mm。3セットで7,200mm（＝1,800mm×3）となる。

③　合理的に全体面積を納めるためには，建築構造体の柱間隔（スパン）を，こう 柱間隔をあわせる
した家具の合理的モジュールにあわせることが有効で，1,800mm の倍数である
5,400mm，7,200mm，9,000mm……，10,800mm などの採用事例が多い。

なお，家具設計において900mm を基準モジュールに据えることが多いのは，人 人体寸法
体寸法に基づく尺貫法（1 間 = 6 尺 ≒ 1,800mm）の伝統に由来する。材料の標準的
な寸法体系にも合致し，無駄を極力出さない利点も大きい。

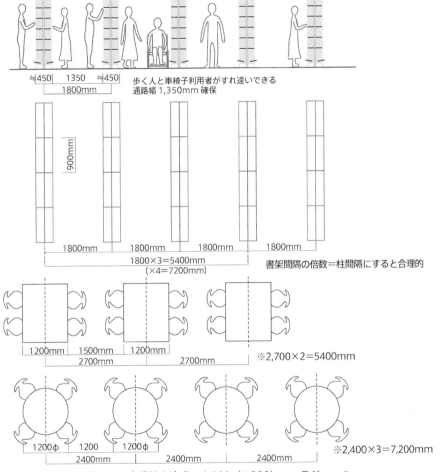

図13-2　合理性を追求した900（1,800）mm モジュール

●‥‥‥‥閲覧など「座席のあるスペース」のしつらえ方

多様な利用目的や過ごし方に応じた座席のバリエーションが望まれる。 座席のバリエーション

「ひとりの時，グループ利用の時」，「書架の傍にあってほしい席，必ずしも書架
の近くになくてもよい席」，「デスクがある席，なくてもよい時」など，同一利用者
でもその時々のニーズは変わるので，座席の選択肢は豊富にあってほしい。

図13-3において，そのためのバリエーションを場所に応じて図示する。

まず，「開架閲覧エリア」内では，3つに大別できる。

① 書架サイド：ブラウジングしながら内容確認したいときなど，書架の傍らでちょっと腰かけたいニーズに応える。背もたれのないスツールなど，スペースを取らない椅子で十分機能する。

② 書架群に沿う閲覧・調べ物スペース：ある程度の時間をかけて本と向き合う時に，どの分野からも使いやすい配置が望ましい。

③ 学習スペース：書架との近さよりは，落ち着ける，集中できる，あるいは学びあえるなどの環境性能を重視するニーズに応える。

それらに加え，「開架閲覧エリア」前に，席のある「たまりスペース」があると使い方に幅が出る。

④ たまりスペース－1：エントランス周辺のフリースペース等。出会い，待合い，ふれあいなど，おしゃべりを含めて，自由な使い方ができる。

⑤ たまりスペース－2：カフェ，ミーティングルーム，展示スペースなど，休憩，会話，発表など目的を持った場。仲間同士での学びあいばかりでなく，同じ空間を共有することによる触発など，知的交流を促進する場のあり方，座のしつらえ方を追求したい。

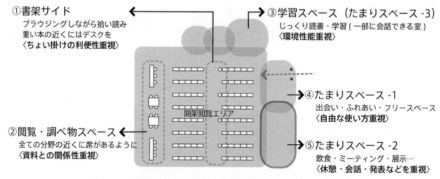

図13-3 開架閲覧エリア内外・座席のあるスペースの種類

●………「ハイブリッド利用」しやすい場のしつらえ方

デジタル情報を検索できる端末が利用者のために導入された当初は，管理のしやすさなどから，図13-4左のような書架群と領域を分ける置き方が多かった。

ハイブリッド利用

それに対し，デジタル情報と印刷媒体の双方をハイブリッドに利用できるように，どの分野の本からも端末が近くにありたい分散配置が求められるようになった。その場合に注意したいのは，印刷媒体の配架のつながりである。検索台を書架群の間に散りばめすぎると，配架の流れが分断されてわかりづらく，分野ごとの冊数変動

にも追従しづらくなる。

　もっとも，モバイルでの検索や入力が主流になれば，ちょっとした台など小スペースがあればよいので，書架配置に大きな影響を与えることなく家具計画の自由度は増すと思われる。ただし，モバイルを操作する利用者の動きや占めるスペースが，他の利用者の邪魔にならないか，人の行動パターン予測は必須と思われる。

人の行動パターン予測

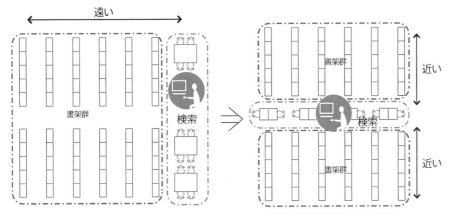

図13-4　印刷媒体とデジタル情報をハイブリッド利用しやすい環境

●……各部門配置の要となる「サービスデスク」のしつらえ方

　表12-1では，サービスデスクは「管理・作業エリア」に分類しているが，その位置は「開架閲覧エリア」の中，あるいは境界線に設けられるので，このUNITで取り上げる。

サービスデスク

　利用者と図書館員との最も密な接点ではあるが，利用者が入室する際，図書館員と視線が交錯して心理的負担になるような真正面に向き合うデスクは避けたい。さりげなく入室でき，必要なときに図書館員に声をかけやすい向きや距離感が望ましい。一方，図書館員にとっては，「開架閲覧エリア」全体を可能な限り把握できる位置でありたい。なおかつ「閉架書庫」の本も取りに行きやすいように，また，背後の「管理・作業エリア」あるいは「バックスペース」から気配がわかり，利用者が混みあってきたときには速やかに応援に出られるなど，さまざまな部門の要の位置にありたい。

声をかけやすい向きや距離感

さまざまな部門の要の位置

　また，貸出，返却，予約受け渡しを自動で行うシステムの普及は，図書館員の省力化を促し，図書館員でなければできない高度なレファレンスなど，専門的な利用者サービスに時間を割ける意味で望ましい。ハード面ではそれらの利用を促進できるサービスデスクやエントランスとの位置関係が重要。バックスペースとの関係でも，返却された本の処理のしやすさ，予約本の配架しやすさなどに留意したい。

「児童図書エリア」からみた，「一般図書エリア」との関係性

「児童図書エリア」は，「一般図書エリア」と，どのような関係性にあるのがよいだろうか。立場を変えながら考えてみよう。

1）利用者の視点

①　子どもの成長に応じ，「児童図書」から「YA」，「一般図書」へと移行しやすく。

②　同伴の家族（大人）にとって，一般図書エリアにも行きやすく。

③　一般の大人にとっても，児童図書エリアに入りやすく（児童図書を読みたいニーズは少なからずある）。

上記を促すためには，「一般図書エリア」と近接あるいは一体化させたい。

④　その一方，「子どもの声がうるさい！」など，音に対して敏感な大人もいる。

つまり①②③と，④は矛盾する……。前者が図書館に求める本質的なニーズであるのに対し，後者は一時の現象に対する個人差のある反応（心理）といえる。④をいかに克服して①②③を推進するか，館ごとの特殊事情も勘案しながら，ハード面の主要テーマであり続けている。

2）管理者の視点

①　「児童図書エリア」担当司書を，専用サービスデスクに専従させられるか？

児童サービスに対する方針と職員体制の相関により，「一般図書エリア」のサービスデスクで兼任せざるを得ないか，休日のみ専用デスクに配置するのかなど，判断が分かれる。

②　「貸出確認（無断持ち出し防止）ゲート」を導入する場合，その管理区域に「児童図書エリア」も含めるか？

本の紛失懸念は，地域特性や規模によって違う。管理のしやすさとともに高機能な利用データ収録への評価や，コストパフォーマンスにより判断は分かれる。

それらにより，「一般図書エリア」との位置および密着条件は変わる。

3）物理的な制約（1フロアの面積が狭い場合）

①　ワンフロア内に一般および児童図書エリア，管理部門や書庫その他の機能が収まりきれない場合，どの部門を他階に分けるのが望ましいか？

正解はなく，その図書館ごとに敷地や建築条件（ハード）とサービス方針（ソフト）の双方から長短を比較検討して決めるべきで，「一般図書エリア」と階を分ける選択肢もあり，設計プロセスにおける重要な分岐点になる。

などなど，正解はひとつでない諸問題の何を重視するかにより，「児童図書エリア」と「一般図書エリア」の関係性は形づくられ，個性化される。

UNIT 14

◉図書館の部門構成と建築計画

書庫・管理部門の計画

●⋯⋯⋯大量の本を納める合理性の追求

　蔵書数の多い現代図書館においては，すべてを一つのシステムで配架した場合に，利用者にとっては多すぎて探しづらい，管理者にとっては維持費がかかりすぎるなど，弊害が顕著となる。

　そこで，専門図書館などの特殊例を除き，利用者が自由に本を手に取り，内容を確認しながら探せる開架方式（Open System）と，利用者の入室を認めず，出納に応じて職員が取り出す閉架方式（Closed System）を組み合わせて，合理性を追求する考え方が定着している。

　閉架式の書庫は，①高密度収容による必要面積の軽減，②不特定多数の入室がないことによる避難設備や空調換気など諸設備の軽減，③意匠的な仕上げ材の軽減など，初期投資および運営の両面にわたるコストダウンを可能にする。

　また，開架と閉架の中間として，①「開架閲覧エリア」の本の鮮度の維持と，②利用頻度の低下した本の収容効率を高めながらも利用者が手に取れる状態を両立させる公開書庫方式もある。高書架かつ書架間隔を詰めて収容効率を高めつつ，通常の書庫と区域を分け，利用者の自由な入室を促す考え方である。

開架方式
閉架方式

公開書庫方式

●⋯⋯⋯閉架書庫の書架形式の種類

1．人手で取り出す書庫

1）固定書架

　床など建築躯体に固定される書架。標準化されたスチール製7段高書架が多い。書架間隔は1,350〜1,500mm が標準で，有効間隔（枝通路）900〜1,050mm。書架群の間の主通路は1,200mm 程度。

　例えば，構造躯体の柱間隔5,400mm（A）の採用事例が多いのは，開架書架間隔1,800mm×3列＝（A）に対し，閉架書架間隔1,350mm×4列＝（A）の関係が成り立ち，全体に効率よく無駄のない計画ができるからである。

固定書架

書架間隔と柱間隔

2）集密書架（手動・電動）

　床にレールを埋め込み，書架列を数台ごとにまとめて集密させ，必要個所のみ通路幅を開ける方式。安全機構を備えた電動式と，ハンドル操作による手動式がある。

集密書架

柱間隔5,400mm（A）あたり，9〜10列納まるので，1）の固定書架と比較し，2.5倍程度の収容力を持つ。

積層式書架

3）積層式書架（固定，集密）

　スチール製固定書架の支柱の上に，スチール製の床を張り，これを層（作業床）として書架を積み重ねる2層方式。上層は集密書架も可能。下層も集密とする場合は，別にスチール製の柱を建てて上層の床を支える。

建築基準法

床面積

階数

　建築基準法等に係る注意点として，2層目は「床面積」に算入される。また，階高5mを超えると「階数」が増えるとみなされ，諸設備の費用も増える。それを避けるため，建築躯体の階高5m以下の中で2層を組む場合が多い。

図14-1　人手で取り出す書庫。集密書架（左），積層式書架（固定＋集密）（右）

（写真提供：㈱日本ファイリング）

2. 機械で取り出す書庫

自動出納書庫

1）自動出納書庫

　ラック式の棚に本を収納した小型コンテナを収納し，自動制御式のスタッカークレーンでコンテナごと取り出すシステム。図書館員の作業エリア近辺に設置した出納ステーションに直接届く。書庫内作業を必要とせず，省力化や入出庫時間の短縮などをセールスポイントとする。

出納ステーション

コスト比較

イニシャルコスト

ランニングコスト

　コスト比較においては，平面・断面形状などコンパクトな計画で建築躯体費を下げられたとしても，自動出納書庫システムを含めたイニシャルコストは通常の書庫よりも高価になるので，それを省力化によるランニングコストの減により何年で回収できるかを試算して判断する。その際，自動出納書庫システムのメンテナンス費も加味して採算比較を行う。

　また運営面で最も強く指摘されるのは，接架できないので図書館員は周辺の本も

含めて直接手に取って内容確認できない点である。そのマイナス面より他の利点が上回ると判断できるかが，採否を分ける。また，建築本体の構造計画を左右する前提条件となるため，基本設計当初に方針決定する必要がある。

採否の判断

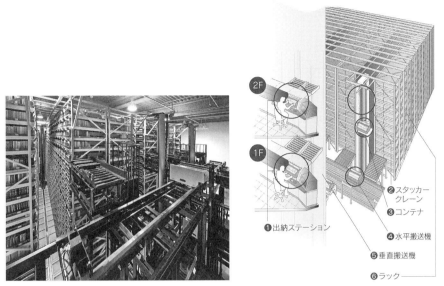

図14-2　機械で本を取り出す自動出納書庫システム

（写真・図提供：㈱日本ファイリング）

位置関係

● ………管理部門の諸室構成と位置関係

　表12-1および図12-1をもとに，管理部門の諸室構成を図14-3に図化し，以下に説明を加える。

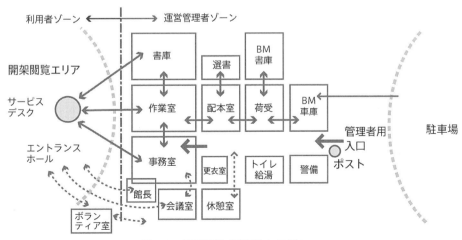

図14-3　管理部門「関係性」モデル

1) サービスデスク

サービスデスク　「サービスデスク」は，開架閲覧エリア内に位置するので，UNIT 13に考慮すべき事項をまとめている。閉架書庫の蔵書を利用者に提供する運営方法も検討した上で，その位置関係は決定されるべきである。

2) 事務室，館長室，会議室など

事務室　　　全体の運営に係る総務，経理などデスクワークの場としての「事務室」は，運営組織の核として館員全員の行動拠点となる。利用ゾーンの把握しやすさ，行きやすさとともに，外部とのネットワーク拠点として，管理・搬入用入口からの近さも求められる。

館長室　　　「館長室」は利用者サービスの最前線として，利用者エリアから見えるガラス張りの部屋とする考え方，個室とせず事務室内に館長席を設置する考え方などがある。

会議室　　　「会議室」は職員同士や外部ネットワーク関係者との会議を第一目的としつつ，利用者も交えた会議，団体見学者の受け入れも想定する場合は，利用ゾーンからのアクセスも考慮する。また，本や物品搬入業者など運営に係る短時間の打ち合わせのために，事務室内などに「打ち合わせコーナー」が必要となる。

3) 作業室，荷受室，配本室，車庫，管理用入口など

作業室　　　「事務室」とは別に，あるいは連続して「作業室」が必要である。受け入れ本の装備やデータ管理・修復など，館内に飾るポスター，小物類の作成などの作業を行う。共同作業や，大判の模造紙などを広げられる大きなデスクの周りに，ブックトラックやコンテナを多数置けるスペースが必要である。館内で選書を行う際，一定期間，見計らいの本などを保管する場合は，施錠できる「選書室」が必要となる。

選書室

物流　　　　また，館外組織とのネットワーク拠点として，小規模図書館でも外部との物流は
荷受室　　　ある。よって，駐車場に面したサービス用「車庫」または駐車スペース，「荷受室」
配本室　　　「配本室」が必要となる。

移動図書館　　移動図書館（自動車図書館＝ブックモビル（BM））サービスを行う場合は，「車庫」
車庫　　　　とともに「移動図書館用書庫」を荷受室に隣接して設置する。「車庫」内または近傍に，汚れ物を洗う地流しやメンテ用品庫，ゴミ置き場なども必要である。

　　　　　　　なお，本の積み下ろしスペースなどゆとりを取ると駐車1台でも50㎡を超える。注意すべきは，50㎡を超える「車庫」は建築基準法上「図書館」とは別の用途とみ
防火区画　　なされ，異種用途区画（防火区画）を求められることである。

管理用入口　　「管理用入口」は，職員の入退館のほか，物品搬出入，宅配便業者も使う。職員の最終退出口としての施錠システムも考慮する。また，「郵便ポスト」は複数の新聞や大量の郵便が届くので，極力大きいタイプとする。

4) その他

　　　　　　　開館時間中，利用者へのサービスが中断しないように，図書館員は交代して昼食

をとる。よって，利用者や他の職員の目の届かない，落ち着いた「休憩室（スタッフラウンジ）」が必要となる。休憩とともに職員間のコミュニケーションの場としても重要である。その広さやしつらえの程度は，欧米の図書館よりお粗末であることが指摘されて半世紀も経つが，理解を得にくいままであるのが実情である。

「更衣室」は，広さやロッカーの個数算定に，女性比率向上など先を見据えた余裕が求められる。

また，書庫以外に，各種物品や書類などを収納する「倉庫」も必要である。壁面を利用した造り付け「収納棚」も可能な限り用意したい。本を装備するフィルムやラベル，各種用紙などの用品，文房具，道具など棚に収容可能な図書館用備品は多い。書架の予備棚，展示用パーツなど，かさばるものも多種多様にある。

それ以外にも，日常の清掃やメンテナンスのための生活用品のストック場所は，清掃員，警備員の作業休憩スペースとともに，専用の置場を考慮する。トイレ横の掃除用流しブースの内側にはフックを取り付け，モップやブラシなどを掛けておける細かな配慮も必要である。また，建築の竣工図書，各種届出・許認可の書類，床材や壁装材の予備品など，日常使用しない「保管庫」も相当のスペースを占める。

> スタッフラウンジ
>
> 更衣室
>
> 倉庫
>
> 保管庫

●·········管理部門の広さの設定の考え方

先行事例をもとに設定する方法が一般的であるが，最近は考え方によりばらつきが大きく，また複合施設が増えているため，標準値を設定しづらくなっている。

提供するサービス目標から，職員数を算定し，その上で運営シミュレーションをきめ細かく行い，必要スペースを積み上げるのが確実性のある方法である。

> 必要スペースの積み上げ

●·········ボランティア・パートナーのためのスペースについて

ボランティア・パートナーは現代の図書館では欠かせない存在になっている。その活動のためのスペースは管理部門ではないが，運営に係る作業の拠点としてここで取り上げる。その配置の考え方は一様ではないが，利用ゾーンから入れて，管理ゾーンからも離れすぎない独立した位置が望ましい。ただし密室とせず，透明ガラスを使用して外部から中が見える構造であることは，学習室などと同じく，防犯，パワハラ，セクハラ対策として，最近では必須の条件となっている。

複数のグループが共用することになるので，作業に使う用品や記録ファイルなどを，グループごとに保管できる鍵付きの大きめのロッカーを室内に用意する事例が多い。特に読み聞かせなど児童サービスのグループは，演出のための小道具を多用することが多いので，おはなし室周辺の格納庫を充実させる。後から既製棚を置くのではなく，天井まで活用し，長物やかさばる立体物も収納可能な奥行きのある造付棚を，設計に盛り込むべきである。

> ボランティア
> パートナー
>
> ロッカーの用意

書庫の法的な扱いに注意

　面積や階数に関する法的解釈の違いで，ほぼ同じ規模・形状の建築でも，求められる消防設備等が大きく変わることがある。判断に迷う場合は早めに建築主事や所轄の消防署等に確認，相談することが肝要である。

1）面積

　建築基準法令上の床面積の算定方法は「昭和61年4月30日建設省住指発第115号」に示される具体例などによる。積層書庫の2層目は，書架工事でつくる「作業床」であっても（構造躯体でなくても），床面積に算入される。また自動出納書庫などで階高5mを超える場合は，中間に床がなくても5mごとに1層分の床面積が加算される。面積に加算されるか否かは，容積率，建蔽率などの上限設定に影響するので，設計初期段階で注意を要する。既存図書館では作業床を面積に算入していないケースも多く，増改修の場合は事前チェックが肝要である。

2）階数

　「建築基準法施行令」第2条第1項第8号のほか各自治体の指導により，建築本体が耐火建築物であること，「作業床」が不燃材料で造られていること，階高5m以下であることを条件に，積層書庫の2層目は階数に算入されない。階高5mを超えると，間に「作業床」がない場合でも5mごとに階数は追加算入される。また，現在では2層ごとに耐火構造の床で区画されることが求められ，かつては可能だった3層以上の積層書庫を含む既存図書館を改修する場合は遡及が求められる。

　なお，「消防法」の消防用設備等の設置にあたり，1.4m程度（かがむ姿勢で作業できる高さ）を超えると「作業床」は階に算定されることがあるので注意を要する。

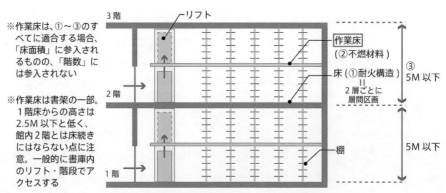

図M-1　積層書庫の階数と面積，層間区画の扱い

UNIT 15

内装の計画

●‥‥‥‥**図書館の館内環境を構成する要素**

　図書館の館内環境を構成する要素を，インテリアデザインの視点から，以下のように整理してみる。

A．モノ（変えられるもの）

　（建築基本要素である構造躯体，階段，窓など「変えられないもの」に対して）

　① 内装：床，壁，天井などの仕上材

　② 家具・備品：書架，デスク，椅子，ブックトラック，棚…

　③ 装置・器具：サイン，掲示板，ブラインド，照明器具，防災器具…

B．表層（印象を左右するもの）

　① 色彩：素材の地色・塗装色，基調色・ポイントカラー，反射しあう色…

　② 形：直線・曲線，単純・複雑，丸み・シャープ…

　③ テクスチャー：視覚的・触覚的な質感，艶の有無，平滑・ザラザラ…

C．環境（体感を左右するもの）

　① 光：自然光（刻々と変化），人工照明，光の色，輝き，直接光・反射光…

　② 熱：心地よい温熱環境，個人差のある温感，一定ではない温度のムラ…

　③ 音：心地よい音・耳障りな音，ほどよいざわめき・静粛，アナウンス…

　④ 風：心地よい通風，不快なドラフト（機械送風）…

D．その他

　① 動き：人の動き，窓の外の変化する風景，風に揺らぐカーテン…　など

　上記の一つひとつが，館内の快適性に影響を及ぼす重要な要素であるが，実際には複合して人に働きかけてくる。3次元の空間に包み込まれる感覚，そして時とともに刻々と変わる3次元を超える館内環境の計画には，個々の分析と統合効果の予見を重ね合わせる作業が必要となる。

　自然光など天気によって，午前と午後とでは館内環境は相当変化する。それを踏まえつつ，本UNITでは「内装」について，次のUNIT以降では「図書館家具・備品」，「サイン（掲示板等を含む）」，「環境要素（光・熱・音）」について，計画上のポイントを論じる。

館内環境

インテリアデザイン

変えられる構成要素

印象を左右するもの

体感を左右するもの

統合効果の予見

●………図書館における内装の計画と留意点

1. 床材

床材

図書館は利用人数が多いので床材は重要である。

採用事例の多いのは，フローリング，カーペット，ビニル系やリノリウム系など各種シートである。部分的に，石，タイル，畳，塗床材なども使用される。

使用頻度の高い3種類の特徴を下記に一覧する。ただし産地やメーカーにより，コストと性能に相当の開きがあるため，あくまで一般論として，詳しくは製品ごとの特性を調べて違いを精査の上，決定していただきたい。

床材比較

表15-1　採用事例の多い床材比較 (製品差があるのであくまで目安)

	フローリング	カーペット ①タイルカーペット ②電着カーペット	シート ①高分子系ビニル床シート（発泡層＋アンダーレイシート下張） ②リノリウム
長所と短所	＜長所＞ 高級感／木の温かみ／汚れや傷が目立ちにくい／清潔に保ちやすい（掃除機，モップ，ひどい汚れは塗料用シンナーで落ちる）／メンテナンス容易（傷の補修は時に必要） ＜短所＞ ハイヒールなどの足音が響きやすい／OAフロアには適さない／濡れると滑る／コスト高い	＜長所＞ 足音が気にならず，吸音効果もある／ほこりが立ちにくい／通常清掃は容易（掃除機，②は水洗い可）／OAフロアに適する ＜短所＞ 清潔さを保てるかはメンテナンスの良否による（特に①はゴミが内部に蓄積すると不衛生＝アトピー性皮膚炎の子どもへの配慮必要）／濡れたまま放置すると変色・カビ等が発生／汚れ付着やヘタリにより10年程度で張替え検討を要する	＜長所＞ 清潔に保ちやすい（掃除機，モップ，水拭きも可。ノンワックス製品が増えている）／耐久性がある／①足音が気にならない，転んだ時の衝撃吸収力有り。②抗菌性，脱臭性，色数の多さに優れる ＜短所＞ OAフロアには適さない／濡れると滑る／素材感では他に引けを取るので色彩選定が重要／②輸入品のため取寄せに時間がかかることもある
設置コスト	C×2 ※製品差があるのであくまで目安	C×①0.8　②0.9 ※製品差があるのであくまで目安	C＝1とする ※製品差があるのであくまで目安
図書館としての評価	長所を評価し，図書館での使用例は増えている。音に対する懸念は残るものの，広い空間では天井等の吸音性能を上げて響きを抑えるなどで対応する	椅子を引く音が気になる学習・閲覧ゾーンは特に適する。通行量の多い部分はヘタリが早い。入口廻りは雨対応の面でも避けたい。耐久性は各製品の品質により差が大きいので要注意	清潔さ，メンテナンスの容易性により，特に子ども利用の多いスペースでの採用が多い。各製品の特性を知ることが必要。メーカーの開発状況にも注目していきたい

左から：フローリング（摩耗の激しい中央部），カーペット（椅子を引く音が気になる窓際），発砲複層ビニル床シート（清潔重視の児童図書エリア）の例。求められる性能に応じて適材をセレクト

図15-1　図書館採用の多い床材事例

　実際には，異種材料を適材適所，使い分けることが多い。

　例えば，千葉県の「八千代市立中央図書館・市民ギャラリー」では，雨を持ち込む「エントランスホール」は滑りにくく耐久性のある石（花崗岩）張り，「一般，児童図書エリア」の大部分はフローリング張り，「窓側閲覧スペースや学習室」は，椅子の引く音が気にならないようにカーペット張りとしている。

　同材で色を張り分ける手法は，楽しさの表現や領域の違いを示すなどを目的とする。例えば，宮城県の「気仙沼図書館・気仙沼児童センター」の子どもの多い場所は，座る利用も想定し，清潔さを保ちやすいリノリウム（天然素材）を採用しているが，既製色の美しさや色数の豊富さも選択理由の一つで，橙・赤系の数種を色分けする演出を行っている。

　点字ブロック（鋲）は，視覚障害者のために欠かせない配慮であり，入口から直近のサービスデスクなどスタッフ常駐の場所まで誘導設置することが多い。その先は人が案内する考え方である。なお，ブックトラックが点字ブロックを横断する際，意外と大きな音と揺れが発生するので，日常の動線交差を極力避けるように，点字誘導ルートを決める必要がある。また，階段の踊り場などに敷設された点字ブロックにつまずく事故も起こりうるので，握りやすい両側手すりを徹底するなど，複合的に誰にとっても安全で好感のもてる図書館を目指したい。

　それから床に関して声を大にして呼びかけたいのは，書架や展示架の転倒防止のための「床固定」方法である。仕上げ材ごとに床面から構造躯体までの深さは違うことに注意してほしい。つまり同じ図書館内でも，固定用ボルトの長さが一律では構造躯体に達しない部分も発生しうる。必ず床仕上材ごとに断面構造を確認し，確実に緊結するよう最大の注意を払うべきである。例えばカーペットやシートよりも，フローリングの方が構造躯体まで深いので固定用ボルトの長さを要する。ボルトが構造躯体に余裕をもって打ち込まれなければ転倒の恐れが残る。

　このことは「壁固定」の場合でも同様で，固定に値する強固な下地までの深さは場所によって違うことに注意を要する。

適材適所，使い分け

点字ブロック（鋲）

書架等の床固定

2. 壁材

　一定規模以上の建築は，壁に不燃性能や耐火構造（防火区画）を求められることが多い。そのため，軽量鉄骨で骨組みを造り，性能を発揮しうる厚みのある不燃石膏ボードを両面に張り，その上に塗装またはビニル系クロス等を張る工法が中心となる。

　仕上材としての木も不燃ボードの上に張るか不燃処理を施す。最近は木目調に印刷した不燃シートの種類も豊富で，性能も向上している。その他，石，金属パネル，全面掲示板シート，コンクリート素地（保護塗料）なども選択肢として，効果とコストを勘案しながら採用を検討する。

3. 天井材

　2014（平成26）年に「建築基準法施行令」第39条に第3項が新設され，天井高さ6m，200㎡を超える天井は「特定天井」として，脱落対策を講ずるべきことが定められた。図書館では，エントランスホール，開架閲覧エリア，多目的ホールなどが対象になりうるが，天井高が6m以下でも吊り天井の落下防止には努めたい。吊材補強，天井材の重量軽減，壁との納まりの工夫などがポイントとなる。天井を張らずに躯体を露出させる事例も増えている。

　吸音性能を求める場合には岩綿吸音板，吸音パネルなど（差があるので性能は製品ごとに要確認）が多用される。平滑ボード等＋塗装仕上げは，シンプルな意匠性のほか，艶を求める場合に採用される。艶は光の反射を利用した明るさ感の演出に欠かせない重要な要素である。もちろん天井に限らない。

●…………建築空間・内装の一部として設計すべき家具

　一定面積当たりの家具比率は，他の用途の建築よりも図書館の方が格段に高い。一般の建築空間においては「空間＝地」に対し「家具＝図」となるが，図書館においては「空間＋家具＝地」となる。

　よって，家具は「後から置くもの」ではなく，「建築空間や内装の一部」として捉えた方が，よい図書館ができることを，次のUNIT 16に先駆けて指摘しておきたい。少なくとも建築空間や内装を理解した上で家具設計を行わないと，全体が調和しない。また余白（置かれた家具の隙間の空間）も活きてこない。

　色彩計画においても，床・壁・天井など「内装」の色を「家具」の存在抜きで決めるべきではない。がらんとした状態に大量の家具（特に書架）がセットされると，それらの色が内装の色と反射しあって驚くほど印象を変える。それも想定して内装と家具の色を同時に決めるのが，「図書館の色彩計画（カラースキーム）」の要諦である。

図書館インテリア：昼と夜の見え方の違いを踏まえて

　蔵書数の増加に伴い奥行きの深い図書館は多くなった。昼間の窓辺の明るさに比べ，部屋奥はどうしても暗くなる。平屋または最上階でトップライトを設置できる場合は天空光により明るくできるが，そうでない場合は人工照明で補うことになる。その目的は明るさの確保に加え，窓外からの明るい自然光を背景とした場合に，視対象が実際より暗く感じる現象を緩和するためでもある。

　従来の照明計画では，外光がなくなる「夜間を対象」として，机上や床といった「水平面」の照度計算を根拠に，照明器具の種類や灯数が決められたが，図書館の実態を鑑みれば，「照明は夜だけのもの」ではなく「昼間こそ重要」という意識をより強くもつべきである。利用者は館内を動きまわるので，室内が逆光に沈んで見える場所を避けるわけにはいかない。不快を感じさせない光環境の補正のため，「昼間の人工照明」とともに「内装の色，艶（反射率）」の効果も総動員させたい。

図N-1　昼間の開架エリア　人工照明を消したとき（左），点灯したとき（右）

　また，昼間は中央部から快適に見えた窓辺の閲覧スペースは，夜間になると逆に暗く沈んで見え，物騒に感じたり行きづらさを助長させることもある。

　その現象は特に規模の大きい図書館で起こりやすく，夜間の窓辺周辺の印象を暗く感じさせない方法として，例えば新潟市立中央図書館の場合は，窓辺のキャレルデスクのついたてを半透明の乳白アクリル製とし，手元照明を点けるとついたてがボンボリのように明るく浮き立って見えるように，「家具」に工夫を凝らした。同時に中央部にある総合サービスエリア周辺の天井照明を，日没にあわせて徐々に照度が落ちるように設計している。窓辺の自然光に対抗した昼間照度のままでは，夜は中央部のみが煌々と明るく見え過ぎるからであり，人の眼を通した「明るさ感」は，「実際の明るさ（照度計による測定値）」とはずれがあることを踏まえている。

● 館内環境の計画

図書館家具・備品の計画

●⋯⋯⋯**図書館における家具・備品の重要性**

　図書館に求められる機能を実現する上で，「家具・備品」の果たす役割は大きい。

　図書館家具を大別すれば，①大量の本を並べる書架や展示架群，②多様な目的に対応できる複数種の座席群，③利用者と図書館員の主要な接点となるサービスデスク周辺，などがあり，それらのディテールと組み合わせ方，空間との絡ませ方により，その図書館は個性化される。

図書館の個性化

基本設計段階のシミュレーション

　その役割に応じた形と数，配置を与えるため，建築設計の初期段階から建築空間とともに具体的な家具の検討は始まる。そして，諸室構成の骨格が決まる「基本設計」段階で，配架のシミュレーションを行い，全体収容点数の確保とともに，運営しやすい分野間の関係性を実現できるか，書架配列の検証を行っておく必要がある。

　もちろん「実施設計」段階で修正は可能であり，個々の形の詳細や寸法の決定は「家具設計」段階で行われるが，全体の収容能力（総数）だけを確認しておき，具体的な配架は完成してから工夫すればよいとの考えでは，"帯に短し襷に長し"のような，配架しづらい書架配置になるリスクを抱えたまま，建築の骨格（広さ，高さ，柱間隔，階段や窓などの位置，電源・照明計画……）が決まってしまうことになる。

●⋯⋯⋯**書架（開架）**

1.「木製」か「スチール製」か

　広く普及している書架は，基本構造により「木製」と「スチール製」に大別できる。構造体を「木製」とし，棚板にアルミ製など薄くシャープに見える金属を組み合わせる例，「スチール製」の骨組に，木製の側板や天板を取り付け温かみや高級感を演出したり棚板を木製にするなど，両者の利点を組み合わる工夫も事例が多い。

　それらの比較を表16-1にまとめる。どれかに決定的な優位性があるわけではなく，比較検討の上，何を優先するかの評価により決定される。

木製書架の優位性

　「木製」が選ばれる理由の第一は，やはり木が醸し出す温かみや落ち着きであろう。また地図架，雑誌架など特殊形状の家具は加工性に優れた木製が対応しやすい。

スチール製書架の優位性

一方，「スチール製」は，コスト面や棚間隔の可変性に優位がある。

　公共建築の場合，将来の老朽化に対し建築の補修費は理解を得やすいが，家具の

メンテナンス費は獲得しづらい。よって初期の質の確保に十分留意すべきである。 初期の質の確保

表16-1 開架書架の特性比較（信頼のおける家具メーカーの場合）

	木　製	スチール製	スチール製＋一部木
コスト	△	◎	○
温かみ	◎	△	○
柔らかさ	◎	△	○
加工性（自由な形）	◎	○	○
棚間隔の可変性	○	◎	◎（○木天板有）
耐久性	○	○	○
耐振動性	◎	○	○
＜総合評価＞	○	○	○

2.「木製」,「スチール製」それぞれのしくみと寸法体系

　「木製」と「スチール製」書架の，個々のしくみと棚間隔の可変性を図16-1に図示する。 棚間隔の可変性

　「木製」書架のしくみは，①側板に，②地板と天板を固定して外枠をつくり，③横つなぎ材で強度を高める（低書架の場合は天板を省略可能）。④棚板は側板にセットした4点のダボに取り付ける。ダボは12.5mmピッチで高さ調節できるガイドレールにセットする方法が普及している。⑤サインやブックエンドなどのシステムパーツを組み込む。 木製書架のしくみ

　「スチール製」書架は，①脚のある単柱を床固定し，②上下の横つなぎ材で強度を高める。③柱に25mmピッチで開けた穴にブラケットを取り付け，④それに棚板を取り付ける。⑤サインやブックエンドなどのシステムパーツを組み込む。側板は骨組みではないので自由に工夫できる。 スチール製書架のしくみ

　「木製」書架の棚間隔の可変性は，固定された天板と地板間に限定される。例えばB5ベース6段の高さを標準とする書架を，すべてA4とすると5段＋最上段に余りが生じるので，12.5mmピッチで細かく高さ調整できる特性でカバーする。

　それに対し，「スチール製」書架は，上下に拘束される部材がないので（最上段，最下段とも高さを変えられる），棚間隔の可変性は高い。ただし，最上段にホコリが溜まりやすいこともあり，化粧材としての木製天板を付加する事例も多いが，折角の棚間隔の可変性に制約を課すことになることを理解した上で選定すべきである。

　また，蔵書の増加や分野比率の変化などに耐えうるシステムとして，書架幅が一定であれば，棚板は共通化でき，どの書架も段数を増減できる。同じ奥行の棚板に奥行調整棒を置いて，新書や文庫用に特化させるバリエーションも可能になる。 システム

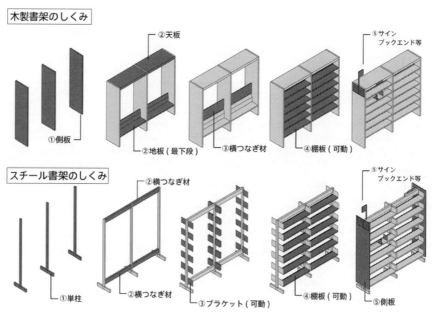

木製書架のしくみ

① 側板
② 天板
② 地板 (最下段)
③ 横つなぎ材
④ 棚板 (可動)
⑤ サイン
ブックエンド等

スチール書架のしくみ

① 単柱
② 横つなぎ材
② 横つなぎ材
③ ブラケット (可動)
④ 棚板 (可動)
⑤ 側板
⑤ サイン
ブックエンド等

※①～⑤の順に濃い色のパーツを付加し組み立てる

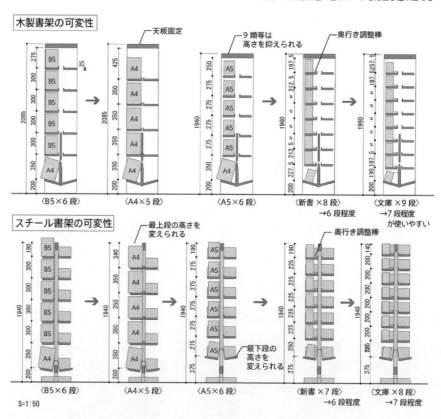

木製書架の可変性

〈B5×6 段〉
〈A4×5 段〉
〈A5×6 段〉
〈新書 ×8 段〉
→6 段程度
〈文庫 ×9 段〉
→7 段程度
が使いやすい

天板固定
9 類等は
高さを抑えられる
奥行き調整棒

スチール書架の可変性

〈B5×6 段〉
〈A4×5 段〉
〈A5×6 段〉
〈新書 ×7 段〉
→6 段程度
〈文庫 ×8 段〉
→7 段程度

最上段の高さを
変えられる
最下段の
高さを
変えられる
奥行き調整棒

S=1:50

図16-1 「木製」と「スチール製」書架：しくみと棚間隔の可変性

●･･･････････デスク

1．1人用か，共用か

　図書館に用意されるべき席は，利用ニーズから導き出す。ベンチや書架脇に置かれるスツールはデスクを必ずしも必要としない。 利用ニーズ

　デスクを求める利用者は「1人用」か「共用」か，どのようなときにどちらを選択するかを考える。「1人用」はプライバシー，長時間利用，資料を置ける広さ，落ち着きなどを求めるとき，「共用」はとにかく座りたい，拾い読み，グループ利用などのニーズを受け止める。「共用」の方が席数を多く確保できるので，一般的には「共用」主体となるが，限られた面積で「1人用」デスクを何割用意できるか，あるいは「共用」でも「1人用」に近い性能をどう実現するか，さまざまな工夫が考えられる。いくつかの切り口で，利用ニーズに応じたバリエーションを整理する。 デスク
バリエーション

2．バリエーション

表16-2　デスクのバリエーション

項　目	デスクのバリエーション
室かオープンスペースか	①個室：資料の充実した図書館にて長時間調査に適する 　　　　多くの資料を広げられるゆとりあるデスク予約を要する館が多い
	②グループ学習室：会話しやすい大机タイプ
	③開架閲覧エリアに点在：中置型，窓や壁付カウンター型
テーブルトップ	①1人用
	②共用：カウンター（横並び）型，対面型，対面連続型，不定形型
仕切	①あり：前のみ設置か，横も付けるか
	②なし（大机タイプ）：他人同席の場合は，奥行1,200mm 以上，1 席あたり幅900mm 以上が望まれる
照明	①手元照明：自分で点滅可能，窓側や壁付カウンター席は手暗がりになりやすいので設置すべき
	②全体照明：事務室等にて遠隔制御，中央部に置かれるデスクは手暗がりになりにくいので，必ずしも必要としない

●･･･････････椅子

1．素地か布張か……その他の選択肢

　椅子も同様に，利用ニーズから導き出す。いくつかの項目ごとに，バリエーションを下表に整理する。 椅子

2. バリエーション

表16-3　椅子のバリエーション

項　目	バリエーション
形式	①チェア：デスクとセットとなり，前かがみの姿勢を支える適度な前傾と座の硬さが求められる
	②ソファ：軽読書に適する。①よりゆったりとしたクッション性，サイドデスクがあれば本が置ける
	③ベンチ：グループで横並び，他人同士でも座りやすい待合，荷物を横に置けるなど，多用途
	④スツール：小ぶりで省スペース，書架脇に置いて腰掛けるなど，短時間利用に適する
仕上	①素地（シェル）：木製合板，プラスチックなど素材を活かして成形。水拭きできる等メンテナンス性に特長がある
	②布張（あるいはビニルレザー張，革張）：柔らかさ，温かさに特長がある。コスト割高
肘	①肘付：新聞コーナーなど，特に高齢者の多い席に有益
	②肘付なし：図書館では一般的
収納	①スタッキング：積みかさね＋収納できる，多目的室など
	②収納を考慮しない：常時座れるように置いたままの利用

左から：個室（ゆったりとしたデスクとキャスター付き椅子），キャレルデスク（1人用対面・仕切のあるデスクと肘なしチェア），ソファと本を置ける小テーブル

左から：窓付雁行型および雑誌部門共用デスク，不定形で緩やかな前仕切付きグループデスク（ともに軽めの肘なしチェア），児童図書エリアの不定形デスク（座は低めであるが大きさは一般と変わらず親子で横並びしやすいチェア）

図16-2　デスクと椅子のバリエーション事例

デスクと椅子の高さ等の関係：体格差のある利用者のために，どう選ぶべきか

　図書館はさまざまな年代や体格の違う人々が利用する。理想をいえば，各人に最も適した寸法に調整できるデスクと椅子を用意できればよいが，毎回使用前に各人が調整しなければならないのも現実的ではないし，コストもかかる。

　汎用性のある参考データに日本工業規格（JIS）がある。下表は学校教室用（主に書く作業）ではあるが，身長に応じたデスクと椅子の高さ関係は一つの指標になる。

表O-1　日本工業規格（JIS S1021：2011学校用家具-教室用机・椅子）をもとに作成

標準身長（参考）	180cm	173cm	165cm	150cm	135cm	120cm
号数	6 号	5.5号	5 号	4 号	3 号	2 号
机面高さ（A）	76cm	73cm	70cm	64cm	58cm	52cm
座面高さ（B）	46cm	44cm	42cm	38cm	34cm	30cm
机と座の差（A－B）	32cm	29cm	28cm	26cm	24cm	22cm

　一般図書エリアでは，70cm デスクに42〜44cm の椅子（差26〜28cm）が一つの目安になるだろう。車いす利用者への配慮としては，膝が入るようにデスクの甲板の厚さは極力薄くしたい。そうすれば高さ70cm のデスクでも使用できるといわれているが，車いすの寸法差もあり長時間利用などにも配慮して，75cm 程度の高いデスクあるいは昇降式のデスクも考慮する。

　児童図書エリアにおいては，JIS 規格 2 号（デスク52cm・椅子30cm）と 3 号（デスク58cm・椅子34cm）の 2 種類を用意する方法を筆者は採用してきたが，入り混じりがちのため，最近では 3 号で統一する方法も試みている。その場合，乳幼児用に親と横並びできるソファや大型の硬質クッションも検討したい。

　大事なことは，児童図書エリアは，子どもだけではなく，子どもの幸せを願う大人たちの居場所でもあるということ。大人が子どもに寄り添える座のあり方は，児童図書エリアにおける最も難易度の高い課題の一つである。

　また，椅子は単に座の高さだけでなく，座や背もたれの形状や傾斜，材質，クッション性など，わずかな違いが座りやすさに影響するため，カタログのみで決めてしまうことなく，実際に座って確認してから購入することを勧めたい。

UNIT 17

● 館内環境の計画

サインの計画

●……図書館における「サイン」の目的と考慮すべき施設特性

サイン（案内サイン）

システム

　本 UNIT で論ずるサインとは，主に公共施設で設置される案内標識（案内サイン）を指し，単一物ではなくシステムに基づく複数設置を前提とする。

●……図書館における「サイン」の分類

1. 伝えたい「内容」による分類

常設と期間限定

伝えたい内容

　図書館におけるサインは，常時掲げておきたい「常設」と，一定期間のみ必要性のある「期間限定設置」に分けて捉えたい。「伝えたい内容」別に整理する。

1）常設

A. 案内サイン（施設）：館名，開館日時および休館日，ハード面の機能（案内マップ，諸室リスト），設立趣旨など

B. 案内サイン（利用）：提供サービス内容，禁煙やペットの扱いなど，利用に関する基本的な呼びかけ

C. 誘導サイン：行先案内，目的場所までの矢印表示など

D. 定点サイン：目的室，トイレなど，その位置を示す室名やピクトグラム（絵文字）表示など。カフェ店名サインなども含まれる。

E. 環境・イメージサイン：施設のイメージを象徴するスーパーグラフィックやキャラクターのイラストなど

F. 蔵書関連サイン：図書館に特有，不可欠なサイン。配架案内，書架列番号，分類・著者名，デジタル情報案内など

2）期間限定−1

G. お知らせサイン：本日休館など定期的に掲げるサイン，臨時に知らせたいことなど，常設サインの内容を補足する一時的な注意や呼びかけ

3）期間限定−2

　図書館内のわかりやすさ，インテリアの美しさを維持していく上で，サインとセットで考えておくべきものとして，「各種情報」をあげておきたい。

　なぜならば，そのための掲示板やパンフレット架などは相当なスペースを要し，利用者に訴えてくる視覚的要素として存在感を有するからである。期間限定サイン

との場所や掲げ方の区分も必要である。このような「各種情報」は多種多様に及ぶものの，発信者別に分けて設置場所を設定することが，美しさの維持と利用者へのわかりやすさにつながる。

H．各種情報：発信者別に，おおよそ以下に分類できる 各種情報

 ①　「館内」からの発信情報，催し案内など

 ②　「関係組織や外部機関」から送られてくるポスター・チラシ・パンフレット・定期刊行物など

 ③　「利用者（利用団体）」からの催し案内，活動勧誘などの情報発信

 ④　「利用者（利用団体）」による発表・展示（その場所を確保するためにも，同時にスペース検討することが望ましい）

 ⑤その他の情報

八千代市立中央図書館：収蔵「星積一」作品を拡大コピーした環境サインをベースに，案内サインを組み込んでいる

日進市立図書館：A4判用「各種情報」ラック。開架エリア入口前に設置

同左：①書架番号，②側板分類表示（A3用紙差替式），③棚置き見出しサイン

図17-1　案内サイン・各種情報・書架サインの例

2.「表現」による分類 表現

　もともと図書館特有の本などモノの多い室内環境の中で，目に付きやすく，わかりやすいサインであるためには，見え方の工夫を要する。デザインする手始めとして，伝えたい内容を踏まえつつ，おおよそ以下に分類してリスト化する。

A．外形：システムに応じたベース（プレートなど）の形状，大きさ，材質など

B．表記手法：①文字表記，②矢印，ラインなどの記号，③ピクトグラム（トイレ，喫煙，禁止マークなどの絵文字），④イメージグラフィック，⑤その他

C．色：①色相，明度，彩度（識別性，印象を左右する）
　　　　②単色か，複数色による色分けか（意味をもたせるかどうか）

D．音：①放送案内，チャイム，サイレンなど（定時または緊急）

②視覚障害者に対する配慮（音声案内，音サインなど）

E．光：①強調（照明を当てる，内照式，ネオンなど）

②聴覚障害者に対する配慮（非常時のパトランプ点灯など）

F．点字：利用案内，トイレ・エレベーター・階段などの位置表示

G．その他の表現手段

● ………… **サインシステムの重要性と開館後の変えやすさ**

サインシステム

図書館において，サインシステムの確立はことのほか重要である。

案内性の向上

それは第1に館内の「案内性」を向上させる。システムは全体と個の関係性を解きほぐし把握しやすくさせる。

インテリアデザイン

第2に「インテリアデザインの質」を上げる。目立つ存在であり，「地」となる空間に対しサインは「図」となる。洗練されたインテリアの印象を与える上でシステムは欠かせない。

継続性

そして第3に「継続性」に大きくかかわる。長寿命が求められる建築としては，使われ方の変化に応じてサインも修正を求められる。その際，全体を貫くシステムなしの変更や追加では，雑然さが増し混乱を招きやすくなる。

透明アクリル製。雑誌を取るとサインが見える。
（返す場所を示すタイトル＋雑誌スポンサー社名）

2枚重ねのアクリルの間に用紙サインを挟むシステム。取換えも簡単，摩擦でずれることもない

図17-2　取り替えやすい書架サイン例（気仙沼図書館・雑誌架）

● ………… **サイン計画のポイント**

1．システムに基づくグルーピング

サイン計画においては，具体的に必要な表示内容の洗い出しと，利用者動線に沿った効果的な取り付け位置の特定を行う。その際，上記「伝えたい内容による分類」に「表現による分類」を重ねて整理していく。

一例として，「D．定点サイン・室名表示」を取り上げてみよう。

1) ベースの外形・材質で種類分けし，それぞれ必要個数と取り付け場所を設定

   －1．サインプレート取り付けの場合（①突出型，②平付型，③特殊形状…）

   －2．扉やガラススクリーンに表示を直接張り込む場合（①切抜文字，②印刷
シート張り…）など

2) 次にベースの外形・材質の種類ごとに，表示内容により細分化

   －1．文字（①室名のみ，②注意書き併記（関係者以外は…など））

   －2．ピクトグラム（①ピクトグラムのみ，②文字併記（男女別トイレなど））

これらを将来の更新のしやすさも想定した上でリスト化する。 リスト化

2．フォント

  書体の指定はサインシステムの基本となる。特別にデザインするか，既製の書体 フォントの指定
とするか，見やすさ，太さのバリエーションなども勘案し選定する。和文，英文，
数字ごとに違うフォントを組み合わせる場合も多い。

3．ピクトグラム（絵文字）

ピクトグラム

  言葉の違う外国人や小さな子どもたち，遠くからの視認性に有効で，トイレ，階 視認性
段，エレベーター，給湯室，自販機コーナーなどに使われる。「公共サインガイド
ライン」を制定している自治体もあり，その中で指定されたピクトグラムはわかり
やすいものの，オリジナルデザインで個性化を図るケースも多い。

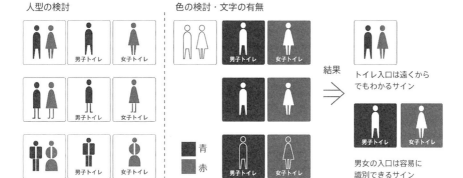

図17-3　ピクトグラム・デザインの検討（気仙沼図書館・気仙沼児童センター）

（デザイン：岡田新一設計事務所　進藤麻理 ©）

4．色

  文字，数字，記号，ピクトグラムなどを単色とするか，多色で分類するか，各階
ごとに基調色を分けるか，平面図など案内図は多色刷とするかなど，色も識別性を 識別性
左右する重要要素である。

  その際，色の見え方の多様性への配慮は今後ますます重要となろう。例えば赤と 見え方の多様性へ
の配慮
緑の区別のつきにくい利用者への配慮，加齢による色覚低下に対しても，例えば白

17．サインの計画　115

と黄，あるいは紺系と紫系などデリケートな色の組み合わせは避けるなど，あらゆる人のための施設であるからこそ，さまざまな研究成果の共有を図りたい。

5．フォーマット

　図書館において，特に「E．蔵書関連サイン」は表示内容の更新のしやすさを追求したい。コンピュータ普及以前はサイン制作業者に外注するしか更新手段はなく，部分的に手書きや印字された紙，テプラ等を張って急場をしのいでいたが，現在は館内で修正を加えてプリンター出力できるので，自前の取り換え作業が可能である。

自前の取り換え
フォーマット

　そこで重要なのがフォーマットである。A4・A3サイズを基本に，レイアウト・文字・色・記号などを決めておけば，最小限の内容変更と，用紙そのままあるいは簡単な採寸で，更新用サインを内部制作できる。あとは取り換えしやすいサインベースでさえあれば自分たちで作業できる。

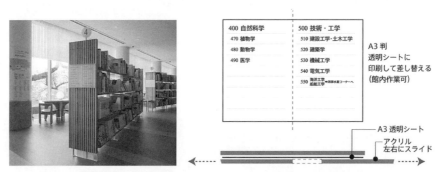

図17-4　書架側板サインのフォーマット（気仙沼図書館・気仙沼児童センター）

児童図書エリア内にある子どもトイレ：入口案内サインに加え3種のイラストサインを子どもの眼の高さに設置。①動物と連れ立ってトイレに行こう！　②大人用もあるよ！③クマさんだってちゃんと座ってるよ！サインが，ぐずる子どもに語りかける

2か所ある女子トイレ内に男児用小便器設置。①おしっこ漏れちゃう！　②ここは君も入っていいよ！サインを掲示

図17-5　利用を促すサイン例（八千代市立中央図書館）　　　（デザイン：柳瀬美穂 ©）

事例：「気仙沼図書館・気仙沼児童センター」のサインシステム

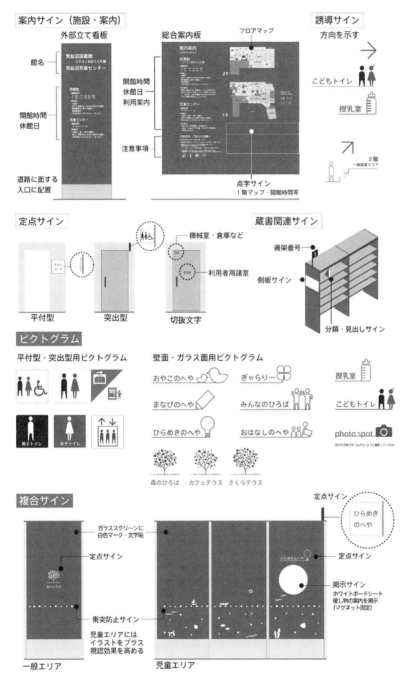

デザイン（ピクト，イラストとも）：岡田新一設計事務所 進藤麻理 ©

環境要素（熱・光・音）の計画

●…………心地よい室内環境

心地よさ

　心地よさに影響する図書館の環境要素として，本 UNIT では「熱」,「光」,「音」を取り上げる。環境要素から捉えた快適，心地よさは，体感でも心理的にも気にならない状態が基本になる。熱に関していえば，「寒くも暑くもない状態」。

　ただし，バランスのとれた快適さは，環境側の要因とともに，人間の側の状態も絡んでつくりだされることを念頭に置きたい。

●…………図書館建築で特に注意したい「温熱環境」のチェックポイント

快適な温熱環境

　図書館の特性から押さえておきたい快適な温熱環境のためのポイントを記す。

1）冬のコールドドラフト対策

　図書館の開架閲覧エリアを広い面積にあわせて天井も高めにつくるケースは多い。圧迫感を減らしつつ，天井近くまで高窓をつくり，部屋の奥まで光が届くようにした図書館では，天井が高いほど窓辺で冷やされた空気は下降して床面に広がっていく。読書をしていると足元が寒く感じる古い図書館の開架エリアは，たいていこの

コールドドラフト
現象

「コールドドラフト現象」が主因である。図書館建築の寒さ対策では，この現象を抑えることがきわめて有効である。その具体的な方法としては，下記がある。

断熱性能

①　窓面の断熱性能を上げる。現在の図書館の窓ガラスは単層でなく，すでに空気層を挟んだ複層ガラスが標準。さらに Low-E ガラス（Low Emissivity ＝低放射）を採用することにより，ガラス間の「放射」による熱伝導を低減させた，より高断熱の複層ガラスも一般的になっている。冬の熱損失低減とともに夏の冷房効率も向上させる。

②　窓下にパネルヒーター等を設置し，「コールドドラフト」に直接対抗させる。足元に降りてくる冷たい気流をシャットしつつ，窓周辺を温めて室内平均温度との差を低減する。結露対策としても有効である。①とともに検討項目として必須である。

③　天井面にサーキュレーターやシーリングファンを設置，室内の空気をかき混ぜることが有益な場合もある。天井近くに溜まった熱気を拡散し，天井と床の温度差を縮める。　など

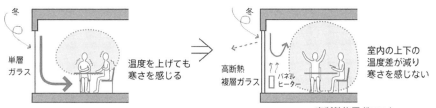

図18-1　コールドドラフト現象とその対策イメージ

2) 居住域空調

居住域空調

　天井の高い空間において，室容積全体を空調・冷暖房するのではなく，人が居住する範囲を重点的に快適にする考え方で，省エネ効果から一般的手法になっている。

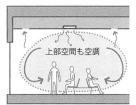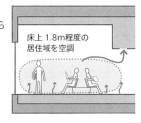

図18-2　居住域空調・床吹出し空調のイメージ

　この考え方に基づき図書館開架閲覧エリアで採用される空調方式としては，床吹出し空調が多い。床面に点在させた吹出口から床上1.8m程度までの居住域を空調する。吹出し速度が緩やかなので，埃を舞い上がらせる懸念はほぼないといってよく，むしろ天井吹出し気流の方が速いので不快なドラフト感があったり，棚上のほこりをまき散らす恐れの方が強い。

3) 床暖房

床暖房

　設計打ち合わせで必ずと言ってよいほど設置要請の出る「床暖房」。子どもが床に座るおはなし室で採用されるケースが多い。ただし，①設置費，維持費が高めであること，②1台で冷暖房切替え可能な空調機と違い，冷房設備は別システムで導入する必要があること，③急にスイッチを入れてもエアコンほど早く温まらないなどのデメリットも検証した上で，適材適所に採用すべき設備と捉えたい。

●‥‥‥‥‥図書館建築に有効な「自然光」の採り入れ方

自然光の採り入れ

　自然光の採り入れ方の巧みな図書館は気持ちがよい。視対象が見やすいのと同時に，室内全体が美しい光に包まれる，あるいは光の諧調が柔らかで眼に優しい。人工照明に頼らない分，省エネにもなる。

18.　環境要素（熱・光・音）の計画　119

1）直射光の制御

　まずは閲覧や読書の妨げにならない，棚の本を退色させないように，直射光を避けることが出発点となる。窓の外のきれいな景色を楽しむように設計されたはずが，直射光が差し込むためにカーテンやブラインドを閉め切りにせざるを得ない図書館は意外と多い。特に南と西の窓面の扱いが難しい。

　「直射光」を遮りつつ「快適な自然光」を採り入れる一般的な方法としては，下記がある。

① 　ガラスにマット系フィルムを張る等により，直射光を「ソフトな拡散光」に変える。

② 　窓外に「庇」や「ブリーズソレイユ（日照調整装置）」を付ける

③ 　窓の外の木立を緑のスクリーンに見立て，入射光を和らげる　など

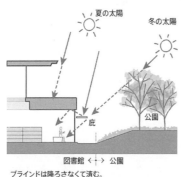

内部：庇上部に反射した光を欄間から採り入れ，天井を明るく照らす

外部：公園の木立を借景としつつ，緑のスクリーンとしても活用

図18-3　「あきる野市立東部図書館エル」ライトシェルフ（庇）・木立活用の例

●…………図書館建築に有効な「照明」計画

　夜間好ましい光環境をつくるとともに，昼間も快適に感じる照明のあり方を重視する。建築面で工夫した窓やトップライトから降り注ぐ自然光と，人工照明のベストミックスによる光環境の創造を目標としたい。

1）照明手法の考え方

　開架閲覧エリアは天井の高い事例が多く，これまで照射効率や電球取り換えの容易性から，書架付照明や吊り下げ照明の採用も多かったが，高天井からでも減光率が低く寿命の長いLED照明などの開発が進んでおり，空間全体に光を届けやすい天井付照明の実用性は上がっている。

　ただし，学校の教室のようにほぼ均一に適度な照度を確保する方法もあるが，図書館では省エネも考慮して必要個所を重点的に明るくする，例えばタスク＆アンビ

エント方式の採用事例も多い。

① タスク照明：視作業に必要な手元照度の確保を目的とし，閲覧読書席のデスクライトなど必要個所を効率よく照らす。

② アンビエント照明：空間全体の光環境構築を目的とし，天井面に照明器具を分散設置する方式あるいは天井面照らし上げ間接照明方式などを組み合わせる。タスク照明部分より照度を下げて省エネを図りつつ，全体に適度な明るさを確保する。

　なお，デスク作業に適した明るさが天井照明のみで確保できる場合でも，壁際や窓面のカウンターデスクは天井照明に背を向ける位置関係から手暗がりができやすいので，手元照明の設置を検討すべきである。

　また，図書館は公共空間とはいえ，居心地のよい居場所を求めるニーズが高まっていることから，プライベートな空間を感じさせる光の演出はもっと意識されてよいと考える。

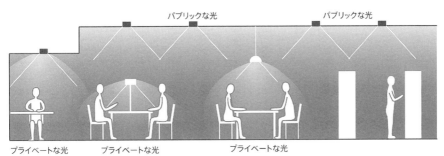

図18-4　パブリックな光とプライベートな光の一例

2)「明るさ」と「明るさ感」の違い

　「実際の明るさ（照度計で測定した照度）」に対して，人が評価する「明るさ感」は空間の雰囲気や内装・家具仕上げに大きく左右される。明度の低い内装よりも白色系の内装の方が，それだけで明るく感じる。「落ち着いた印象」，「開放的で明るい印象」……，まずはどのような空間特性をもたせたいか，基本方針が重要である。

　また，次の写真のように，大きさと内装がまったく同じ空間でも，壁面への照明の当て方で「明るさ感」は違ってくる。床面照度は左の方が高い数値を示すので，従来指標の水平面照度により判断すると，左の方が「明るい」評価となるが，床・壁・天井の中で，視界に入る比率の高い壁面（鉛直面）を明るくすることで，利用者の眼には右の方が「明るく」感じる。このように，照明のあり方はその図書館の機能特性ばかりでなく，心理的な評価に大きな影響力をもつ点に注意したい。

明るさ感

画像は高天井をイメージし，セットを組んで比較撮影したもの。光源は同じ明るさで，光束4000lm

左：ダウンライトによる真下照射。床面は明るいが，印象は薄暗い

右：アジャスタブル・ダウンライトによる壁面照射。反射板を壁側に30°傾けている。壁面に光が当たり，明るい印象を演出できる

図18-5　照明方法の異なる空間比較（左：床面照射，右：壁面照射）

（出典：㈱YAMAGIWA『総合カタログ2017-2018版』）

●··········**図書館における「音」の捉え方と計画上の留意点**

「快」と「障」の間にある音

　「快」と感じる音と「障」と受け止める音との区別は，人により，あるいは同一の人でもその時々の状況や心理により揺れ動く。図書館空間における「快」と「障」の間にある音について，計画上の留意点を整理する。

1. 図書館にいて聞こえてくる音（音源・種別）

1）環境音

① 意図的に流す音（BGM，空間音響，アナウンス…）

② 機械騒音（空調・換気吹き出し音，ポンプ・エレベーター等の振動…）

③ 外部騒音（自動車，鉄道車両，地下鉄，飛行機，工場…）

BGM

空間音響

　BGM（Background Music）は心地よさをねらった背景音響として希望する声も多いが，「障」と感じた利用者からクレームがあった場合，それ以降の運用を止めざるを得ないのが現実である。それに対し「空間音響」はハイレゾリューションと呼ばれる，自然界から収録した高音質・広帯域の音源を微小音量で再現する技術で，限定した場所に採用している図書館が増えている。

　機械騒音，外部からの騒音はほとんどが「障」であるが，その許容限度は場所による。注意すべきは，対面朗読室，おはなし室など音にデリケートな諸室に聞こえてくる機械騒音で，特に空調吹き出し音の減衰には，天井内の機械本体を極力離す，ダクト（空気の通り道）の消音性能を上げるなどの工夫が欠かせない。

空気伝播音

固体伝播音

　また外に漏れて聞こえる等の「空気伝播音」は，離れるほど小さくなる距離減衰が期待できるが，機械振動が構造体を伝わって届く「固体伝播音」は減衰率が低く，音源と固体の接触を防振ゴムや防振架台等で遮断するなど入念な対策が求められる。

2）人が発する音

① 声（話し声，咳払い，電話，子どもの歓声・叫び声・泣き声…）

② 足音（コツコツ＝革靴，ハイヒール，パタパタ＝走る音…）

③　動作音（新聞をめくる音，椅子を引く音，キーボードの音…）

④　活動音（併設諸室，隣接施設が発する音楽，にぎわい…）

　静寂な空間ほど，話し声はおろか，本をめくる音，小さな咳払いなども耳障りになる。そうした静けさが苦手で適度に音のある喫茶店の方が集中して学習できる人，さらには無音恐怖症の現代人は増えている報告もある。その一方，オープン当初はカップルがささやく姿も散見できた大型書店の喫茶店が，いつの間にか会話厳禁の緊張した空間に変貌している例もあるように，周りの音を「障」と感じるかどうかは，「静かでなければならない場所」という先入観に左右されるところも大きい。

　現代の図書館のキーワードの一つといえる「ほどよいざわめき」は，言葉では簡単であるが，実現のためには，①発生音，②空間特性（吸音性能，バランスのよい残響など），③利用者の意識改革，の主に３つの視点から解きほぐす必要がある。

ほどよいざわめき

2. 利用者の意識がつくる「許容限界」の違いを知る

　オランダのアムステルダム公共図書館の最上階近く，図書館開架エリアと直接行き来できる250席ほどのレストランがある。

　そこでなるほどと思ったことは，単に食事を楽しみ談笑する利用はむしろ少数派であり，1人でパソコンに向かう，読書する，ペンを走らせるなどしているかたわら，2人ないしはグループで学習している姿が混在する情景であった。

　閲覧スペースでは注意されてしまうであろう，だけど学び・学びあうためには許されてほしい使い方が，本来の図書館空間では実現できず，レストランで可能なのはなぜか，それは人の意識の差にほかならない。もともと「ざわめきを許容しあう空間」という共通意識があるから，多少の音が気にならなくなる。

ざわめきの許容

　よって，図書館における飲食スペースを単に休憩目的だけで捉えたのではもったいない。さらには，「ほどよいざわめき」が当たり前という利用者意識に変わっていく図書館をイメージしたい。ただし，それでも静けさを求める人のための空間は必要で，どこにどのように用意するかについては，それぞれの館ごとに議論し，多様な使われ方を許容する個性ある空間づくりを目指していきたいものである。

図18-6　　アムステルダム公共図書館のレストランの利用状況

「音」の特性に応じた空間・内装対応

「ほどよいざわめき」を実現する空間づくりは，建築界でもっと研究すべきテーマである。同じ音源でも，より多数の人が「障」と感じないように，減衰させつつリバーブ（残響）させる方法など，音の特性を研究することから成果は得られるはずである。一例として，音の高低による特性の違いと空間対応について述べる。

1）低音域（波長が長い）

大人の男性の声など「低音域」の音は，「音の回折（廻りこみ）」が大きいので，姿が見えなくても割と聞こえてしまう。ただし，図書館では音量が小さい場合が多い

図Q-1　「低音域」の音の回折

2）高音域（波長が短い）

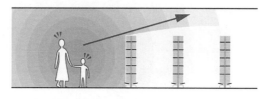

子どもの声，女性の高い声など「高音域」の音は，「音の回折（廻りこみ）」が小さいので，障害物による減衰が期待できる

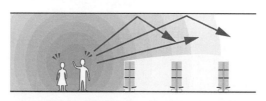

ただし，児童図書エリアは，書架が低いので，「高音域」の音は，広がりやすい

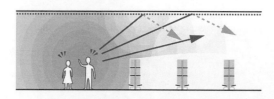

したがって，直接当たる「天井・壁」の吸音性能と，空間のつながり方が重要となる。反射音を減衰させつつ，音をバランスよく拡散（残響）させたい

図Q-2　「高音域」の音の直進性に応じた空間・内装対応

UNIT 19

● 維持管理と安全性の確保

ユニバーサルデザイン

●‥‥‥‥ユニバーサルデザインとは

　図書館はさまざまな人々に開かれた施設であるから，誰でも来館が可能で，使いやすいことが求められる。このニーズはユニバーサルデザインの考え方に近い。ユニバーサルデザインとは，「障害の有無，年齢性別，人種等にかかわらず多様な人々が利用しやすいよう都市や生活環境をデザインする考え方」（「障害者基本計画」2002の用語解説より）である。ユニバーサルデザイン（以降 UD と略す場合がある）の考え方が登場したのは，アメリカの建築家・工業デザイナーであるロナルド・メイス教授（1941-1998）が1985年に雑誌に書いた一文である。UD はバリアフリーデザインと重複するが，すべての人々を対象とする理念であるから，バリアフリーを包括しているといえる。また UD が生かされる分野は，身近な生活用品から住宅設備，外出すると公共交通機関・パブリックスペース（民間も含む）等の物的デザインが数多くある。さらに，カラーデザインやウェブデザインなどにも広がる。

　UD に求められることについて，メイスの思想を継ぐ研究者らが，1990年代に7原則としてまとめた（訳：川島宏）。

① Equitable Use （誰でも使える）

② Flexibility in Use （フレキシブルな使い勝手）

③ Simple and Intuitive Use （シンプルで感覚的にわかる）

④ Perceptible Information （使い方がわかりやすい）

⑤ Tolerance for Error （間違っても危なくない）

⑥ Low Physical Effort （弱い力でも使える）

⑦ Size and Space for Approach and Use （適切なサイズで手が届き，操作スペースがある）

　UD を説明するために，しばしば紹介される身近な例をあげると，カードの切り込み，リモコンや電卓の大きめのボタンと表示，リンス・コンディショナーと区別するためのシャンプーボトルの突起等があげられる。

●‥‥‥‥人にやさしい施設デザインの歩み

　現在新築される不特定多数の人が利用する施設は，一般に極力バリアがなく使い

ユニバーサルデザイン

バリアフリー

やすいよう配慮されているが，この配慮が普及した時期はそう古くない。東京オリンピック開催（1964年）の時期，車いすでの移動は障害が多く，大阪万博（1970年）の時期でも障害者対応は遅れていた。この時期に建設されたものは公的施設でさえ，スロープがなく段差のある建物は多かった。この配慮について海外を見ると，福祉重視の北欧では，ノーマライゼーションの考え方が1960年代に広がりを見せている。ノーマライゼーションとは「障害者を特別視するのではなく，一般社会の中で普通の生活が送れるような条件を備えるべきであり，共に生きる社会こそノーマルな社会であるとの考え方」（「障害者基本計画」2002の用語解説より）である。デンマークで1959年に法にしるされたのが始まりといわれている。

ノーマライゼーション（左欄外）

日本では，意識向上と環境改善は，他の先進諸国から学びながら普及していった。医療・福祉施設をはじめとする公的施設や街づくりの高齢者・身体障害者等への対応は，1970年代後半から徐々に進んだ。関連する各指針や制度が増えるのは1980年代で，ユニバーサルデザインが認知されるようになるのは，1990年代後半のことである。UDは工業製品での導入が早かった。1995年に製造物責任法（PL法）が施行され，使いやすく事故につながりにくいことがより強く求められるようになり，UDはこのニーズに沿うものであった。また高齢者の人口割合が増え，高齢化社会（65歳以上割合7〜14％未満）から高齢社会（65歳以上割合14〜21％未満）へ移行したのも同時期の1994年であり，UDはより重要になった。

PL法（左欄外）

この歩みを図書館に見ると，1970年代前半までに建設された2階建ての図書館には，利用者用のエレベーターは，一般に設置されていなかった。高価な設備であり，エレベーターのニーズは少ないと，その頃には考えられた。70年代後半になると，2階建てでエレベーターを設置する館が増え，80年代には，規模が増大する傾向もあって，エレベーターは一般化する。そして次に説明するような制度的な整備も伴い，バリアがないUDに配慮した施設づくりが一般化した。

●‥‥‥‥‥バリアフリーと制度

「バリア」（barrier）を訳すと，「柵・障害・妨げ」で，これらをなくすことがバリアフリーである。一般にハンディキャップをもつ人々にとって障壁とならない物理的環境を指し，その配慮設計をバリアフリーデザインという。さらに物理的環境だけでなく，人的な配慮も求められるが，ここでは施設環境に目を向ける。また法に表記される「高齢者・身体障害者等」の「等」には健常者にグルーピングされる乳幼児・妊婦・ベビーカーを押す保護者・ケガを負った人をも含むことを認識する必要がある。

バリアフリーデザイン（左欄外）

法的には1994年に施行された「高齢者，身体障害者等が円滑に利用できる特定建築物の建築の促進に関する法律」（ハートビル法）で，具体的な指針が示され，公

ハートビル法（左欄外）

共交通機関をメインの対象とした「高齢者，身体障害者等の交通機関を利用した移動の円滑化の促進に関する法律」（交通バリアフリー法）が2000年に施行された。現在は，これら2つの法を統合・拡充された「高齢者，障害者等の移動等の円滑化の促進に関する法律」（バリアフリー新法，2006年施行）の定めがある（法制度は改正があるため，必要に応じ最新情報を調べる必要がある）。図書館はこの法が適用される用途であり，規模によって特定建築物か特別特定建築物（2,000㎡以上）に分かれる。前者は適合努力義務，後者は適合義務が課せられる。

バリアフリー新法

バリアフリー新法に加え，自治体の条例も重要である。都道府県ごとに条例を作成しており，「福祉」や「人にやさしい」あるいは「ユニバーサルデザイン」と冠した「まちづくり」の条例が定められている。具体的・実践的な対応方法を示している場合が多い。

以上の制度的背景から，図書館は法や条例に沿った安全措置が求められる。バリアフリー新法に示されており，図書館に該当する場合が多い事項を次に列記する。

① 出入口の幅

② 廊下等の幅・仕上げ

③ 点字ブロック

④ 階段の幅，踏み面，蹴上げ寸法・手摺・つまずき防止策等

⑤ 傾斜路の設置・幅・勾配・仕上げ

⑥ トイレの高齢者・障害者等が利用するための措置

⑦ 敷地内通路の安全策

⑧ 駐車場の障害者用駐車施設の設置

⑨ 昇降機の設置と安全策

⑩ 標識・案内設備までの点字ブロック

●⋯⋯⋯図書館のユニバーサルデザイン

法や条例に沿ったバリアフリー措置を基本とし，ユニバーサルデザインに留意した，各所のきめ細かい配慮が求められる。「法は最低限度を示すもの」とされていることに留意し，利用者の視点に立った積極的検討や工夫が求められる。

まず，全体の構成や動線は重要である。階構成やフロアの動線がわかりやすく，適切な家具配置とサイン計画がなされていることは，使いやすさの基本である。入口からの館内の見通しや，メインカウンターと開架スペースの視覚的つながりは，わかりやすく使いやすい施設とするために重要なポイントであり，安全にもかかわる。

動線

サイン計画

具体的な施設づくりや備品の設置は，館の規模によっても違いがあるが，図書館サービスとして，現在，開架10万冊クラス以上の大型館で，一般的に配慮されてい

ることや採用例が多いものを次に整理する。

表19-1　図書館の安全策

対象者	設置物・措置
全般	障害者用駐車場（駐車場を有する場合） 多目的トイレ AED（自動体外式除細動器）の設置 救護室（スペース） 視認性のよいサイン・案内類
外国人	多言語表記やピクトグラム（絵文字）
乳幼児と保護者	ベビーカーの設置と床のフラット化・授乳室の設置・オムツ交換スペース・トイレ内のベビーチェア類
子どもと保護者	子ども用トイレの設置・家具類のかどの安全化 子どもの体格に合った椅子・机
高齢者	廊下や階段トイレの手摺・スロープ
視覚障害者	床の点字ブロック 点字併用の館内案内板・音声案内 対面朗読室・録音室の設置 拡大鏡・拡大読書器 （資料では大活字本・点字本・録音図書）
歩行障害者	車椅子の設置・スロープ 車椅子で使用できるトイレ 書架や机・カウンター廻りの車いす利用者に配慮した寸法やデザイン 水呑みや手洗いの高さの配慮
オストメイト※	オストメイト対応衛生器具 （※Ostomate　人口肛門・人口膀胱を持つ人）

AED

オストメイト

　これらの備えに加え，一般的に設置するとは言えないが，聴覚障害者に対する警告灯としてのフラッシュライト・電光掲示やデジタルサイネージがあげられる。視覚障害者のための自動読み上げ装置も見られるようになった。また，聴覚その他の障害から会話できない人のための，筆談ボードやコミュニケーション支援ボード（イラスト・文字等を組み合わせたボード）も活用されるようになっている。

UNIT 20

● 維持管理と安全性の確保

施設の維持管理と省エネルギー

●‥‥‥‥**維持管理すること**

　図書館施設を良好な状態で使い続けるためには，日常的な清掃に始まり，定期的な点検・修繕，大規模な修繕まで維持管理が欠かせない。そして日々消費するものとして，電気・水道・冷暖房エネルギー（灯油・ガス等）を要する。図書館費は，資料費，人件費に並んで，施設を使い維持するためにかかる諸費用が大きな部分を占める。したがって施設は快適で使いやすいことと同時に，維持管理する上で合理的かつコスト抑制に留意されたものであることが求められる。

　留意事項は設計時点（施設づくり）に求められることが多いが，使用を開始してから寿命を迎え解体されるまでの間に求められることもある。大きく整理すると次のようになる。

①　設計上の注意

　　ライフサイクルコストを削減する ライフサイクルコスト

　　　→長寿命化

　　　→維持管理しやすい

　　　→省エネルギー　→エネルギー負荷の抑制

　　　　　　　　　　　→機器効率・システム改善

②　使用開始後の注意

　　計画的運営と省エネ意識

　　計画的修繕

●‥‥‥‥**ライフサイクルコストを削減する**

　ライフサイクルコスト（LCC = life cycle cost）とは，建物の予定寿命をまっとうするまでにかかるトータルコストのことを指す。企画・設計コスト，建設コスト，維持・管理コスト，解体・廃棄処分（リサイクル）コストすべての合計がライフサイクルコストである。これには土地代を含める場合もある。これらの一連のコストは，大別すると初期建設費用（イニシャルコスト），運用維持管理費用（ランニングコスト），解体廃棄費用の3つに分けられる。図書館のライフサイクルコストのうち初期建設費用が注目されがちであるが，一般にランニングコストの方が数倍大

イニシャルコスト
ランニングコスト

きく，ランニングコストを抑制する配慮は重要である。この認識は環境やエネルギー問題につながることでもあり，「ライフサイクルマネジメント」が求められている。

ライフサイクルマネジメント（LCM）とは，建築物に限らず製造業等で広く用いられている言葉である。建築の場合は「建設物の構想・計画段階から使用期間を経て解体に至る全期間にわたって，建築の機能を維持・向上させつつ，環境への影響やコストを抑制するために，企画・設計・施工・管理を総合的に行う方法」と定義できる。このマネジメントは，総合的であることが求められるが，大きなポイントは，寿命が長く，維持管理しやすく，エネルギー消費が少ないことといえる。

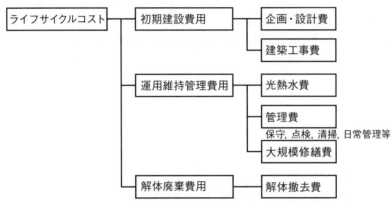

図20-1　ライフサイクルマネジメント

●…………**長寿命化**

図書館施設が長年の使用に耐えることは，1年当たりのイニシャルコストを下げることになり合理的である。それは環境にやさしいことでもある。また多くの人に長く愛される文化施設として，記憶そして歴史に残る良質のものでありたい。

そのためには構造体が堅牢であることが基本であり，経年劣化にも強いことが望ましい。このことは UNIT 22 で扱う地震に強い施設であることにもつながる。

鉄筋コンクリート造（RC造）の場合，原価償却資産としての耐用年数は50年（事務所の場合）との定めがあり，寿命の目安といえる。実際にはもっと長く使われているRC造もあるが，逆に短いものもある。20世紀後半の日本では，耐震基準の改正，設備の高度化，社会の変化に追随できず，30年程度で建替えとなった建物も見られた。この年数は，100年前後住宅を使う欧米と比べてかなり短いのだが，日本でも長寿命化の技術は進歩している。

物理的劣化でなく，時代の進歩に沿えなかった，という反省からは，ニーズの変化に対応するための「ゆとり」が望まれる。ゆとりは維持管理しやすいことにもつ

ながる。敷地の広さ，床面積や階の高さ，荷重の想定等，骨格にゆとりがあることが望ましい。5年先の変化でさえ予測が難しい時代であるから，敷地面積にゆとりがあれば，増築を想定した配置計画が可能となり，床面積にゆとりがあればサービスの拡充に対応しやすい。配管・配線のルートとなる天井裏やパイプスペース，機械室も点検や更新に留意したスペースや扉が必要である。むろん敷地も予算も有限であるから，バランスのよい検討と判断が求められる。

敷地面積
床面積

●⋯⋯⋯維持管理しやすい

　図書館は広いフロアとのバランスから，天井を高くすることが多いため，高所の清掃や，照明灯具の交換の方法を想定した施設づくりが必要である。このように，日常の内外装の清掃や設備の点検に留意することは，施設を良好な状態に保ち，長く使うために重要である。

　仕上げ材については，清掃しやすいことに注意すべきであるが，特に床材については，転倒事故や歩行感，音，キャスターの走行性とも関係するので，慎重に選定すべきである。また，ガラス面にも特段の注意が求められる。ガラスは堅牢な材料であるが，清掃は欠かせない。汚れにくいディテールと清掃方法を考慮して設計する必要がある。広いガラス面をもつ建物が増えているが，足場もロープ用フックもないなど，清掃への配慮を欠くケースも見られる。また，日射方向には注意すべきで，南や西面に大きくガラスを用いると，空調負荷が大きくなり，次にあげる「省エネルギー」に逆行する。資料を保護する上でも，直射日光で紙が劣化することがないよう注意すべきである。

歩行感

直射日光

　設備も維持管理しやすいことが求められる。照明は清掃しやすく灯具の交換が容易であることに留意する。給排水管等の漏れが生じてはならないものは，特に配管ルートや点検方法に注意した設計と施行が求められる。また，ICT機器類やAV機器類は更新の頻度が高いため，一般にコンピュータ類やAV機器が配置される部分の床をOAフロア（二重床）として，床下に配線スペースを設ける。

配線スペース

●⋯⋯⋯省エネルギー

省エネルギー

　異常気象と見られる災害が多くなり，人間の営みから生じる地球温暖化が原因であるとの警鐘がある。エネルギー消費を抑制し，CO_2等の温暖化ガスの排出量を減らすことは，世界規模の課題となっている。

　省エネルギー意識は1970年代のオイルショックを契機に高まり，1979年の第2次オイルショックの年に「エネルギーの使用の合理化に関する法律」（省エネ法）が施行された。1992年には地球サミットで「持続可能な開発」（Sustainable Development）が提唱され，1997年には，温暖化ガスの排出抑制を目標とした京都議定書

省エネ法

が作成された。省エネ法は改正・強化され，2,000㎡以上の図書館は省エネルギー措置の届出が必要である。図書館の省エネは，施設単体のコスト合理化にとどまらず，社会的な意味をもつ。

　図書館は，空間の連続性や一体感を増すことをねらい，天井を高くすることや吹き抜けを設ける場合が多い。このことは，冷暖房・換気のランニングコスト，および点検・清掃等の維持管理費には不利に作用する場合がある。デザインに偏重することなく，快適性と経済性を両立させるバランスよい計画が求められる。

● ……… **エネルギー負荷の抑制**

　省エネ計画で機械に頼る前に，建物の遮熱・断熱・蓄熱・自然換気等を行い，エネルギー需要を減らすことが重要である。ソーラーシステムとは，太陽エネルギーを活用する手法であるが，このシステムには動力・機械を使用するアクティブな方法と，動力・機械を使用しないパッシブな方法とがある。パッシブに太陽熱や光を取り込むことや，逆に遮ることは省エネルギーの基本である。遮熱とは，庇・ルーバーなどで，太陽の直射熱を低減することが代表的であり，樹木による日射コントロールも有効である。これは，軒の深い日本家屋の建築手法の延長ともいえる。また，屋上緑化は遮熱および断熱の効果ももっている。

　1990年代になると，住宅建築において「高気密・高断熱」が注目されるようになった。これは寒冷地の防寒の手法であったが，建物全体を快適に保つ手法として寒冷地以外でも一般化した。1970年代まではRC造の学校・事務所等で，外壁面に断熱材を入れないことが普通であったが，現在，熱負荷の低減のため，気密性や断熱性能は重視されている。

　太陽光を室内に取り込むことは，照明の電力消費の低減につながるが，熱負荷の点では，ガラス面は熱を伝えやすい。ペアガラス等の2重ガラスは省エネ効果が大きく，広く使われるようになっている。また熱線反射ガラスなどの技術もある。ガラスを多用した図書館が増えているが，開放感と建設コスト，ランニングコストのバランスがよいことが求められる。

● ……… **機器効率・システム改善**

　1970年代から比較すると，低燃費・高出力の技術は格段に進歩し，ハイブリッドカーが走り，LED（発光ダイオード）照明も使われるようになった。しかし，1970年頃まで贅沢とされた冷房装置は車にも住宅にも一般化し，全体ではエネルギー需要は増大傾向にある。図書館は人が滞在する空間が大きく，快適な環境が求められるため，機器効率の良し悪しによるエネルギー消費の差は大きい。

　新築・改築・大規模修繕の時，高効率の機器を最適配置することが求められる。

ソーラーシステム

遮熱

高気密・高断熱

LED照明

排気の熱回収，空調制御のハイテク化，省エネ型照明，自動点滅等，機器類の性能
や制御技術は進歩している。

　エネルギー源では，化石燃料は有限であり，原子力には大きなリスクがある。そ
のため，太陽光発電，風力発電といった，自然エネルギー利用のシステムが進歩し，自然エネルギー
設置数は増えている。またバイオ燃料や次世代エネルギーへの取り組みも進められ
ており，さらなる技術進歩が望まれている。自然エネルギーや再生可能エネルギー
の採用は，災害による停電時に備える非常用の役割も期待される。

●……… 計画的運営と省エネ意識

　施設の維持管理のうち，日常的な業務としては清掃が一番頻繁に行われる。次に
照明器具の交換の頻度が高い。この交換については，長寿命であるLED（発光ダ
イオード）照明が普及したことによって合理化が進んだ。

　エレベーター・エスカレーター等の昇降機や給水・排煙ほかの建築設備は定期検定期検査
査が必要であり，1年に一度の報告の義務がある。同様に消防設備（火災報知機・消防設備
消火栓ほか）も定期的な点検と報告が義務づけられている。設備も含め建物を安
全・良好な状態に保つマネジメントが必要である。

　省エネルギーの効果を求めるには，建物の物理的性能よる割合が大きいが，運用
する職員の意識も大切である。日々の運用においては，空調の温度設定や，カーテ
ン・ブラインド類の開閉，開館前後の照明や空調運転など，こまめに節電や節水す
ることが求められる。

●……… 計画的修繕

　建物を長く使うために，仕上げ材や設備等の計画的修繕が必要とされ，特に10〜計画的修繕
15年程度の経過で行う大規模修繕は重要である。建築材では，屋上の防水，屋根葺
き材の塗装，外壁のひび割れ補修や窓回りの防水充填材（シーリング）の更新，吹
き付け仕上げ材の再塗装等が必要である。これらを怠ると，雨漏りや鉄筋のさび等，
劣化が加速する。設備材では，給排水系統をはじめ計画的な点検・修繕・更新が必
要である。設備の機器類や配管には寿命があり，15〜20年程度で更新が必要とされ
るものも多い。ポンプ・モーター・冷暖房機器のように，日々使用され，消耗・劣
化するものは，更新が必要になる。

UNIT
21

● 維持管理と安全性の確保

安全でサービスしやすい環境

● ⋯⋯⋯ **セキュリティ**

　図書館における安全（セキュリティ）には，一番に人命・人身の安全が求められ，続いて資料の安全，そして情報の安全が要求される。そのため事故や災害，そして犯罪や問題行動に対しても安全策が必要である（自然災害からの安全についてはUNIT 22で述べる）。

建築基準法
消防法

　最も重要な「人の安全」について，法律では建築基準法や消防法等で，地震や火災等から人を守り，転落等による事故を防止するよう多くの定めがある。構造設計基準，防火措置や防火区画，警報設備や消火設備など，法に基づく措置は具体的である。また，エレベーターやエスカレーターは，機械の不具合による事故を防止するために詳細な規定がある。ただし，法は最低基準を規定していると位置づけられ，法にかなっていても安全を保証するものではない。

● ⋯⋯⋯ **火災**

火災

　火災から人・資料・施設を守ることは重要であり，消防法には火災の防止・警報・避難・消火等のために多くの定めがある。また建築基準法にも，火災の予防や延焼の防止，避難等の具体的な定めが多い。図書館で発生した火災は，近年の国内ではわずかである。2016年8月に，長崎県の図書館で落雷が原因と見られる火災が発生した。休館日であったが，消火活動に伴い資料の水損があった。過去には関東大震災で発生した火災や，その後の世界大戦における空襲で，多くの建物と資料が焼失している。

　海外では2006年にドイツのアンナ・アマーリア大公妃図書館が，漏電火災で半焼し，2015年にモスクワにある公的研究施設の大型図書館で大火災が発生した。地震に伴う火災も警戒しなくてはならないが，幸い近年の大地震の時，図書館で火災は発生していない。

　消防法に規定される警報設備・消火設備・避難器具類を設置し，建築基準法に規定される耐火性能や防火区画は適切に設計されなければならない。また，ガスや灯油等の燃料（危険物）の貯蔵や配管は十分な安全性を確保する必要がある。

●⋯⋯⋯思わぬ事故

　法の定めを満たせれば安全だとは限らず，建物内での事故は意外な所で起こることが多い。厚生労働省の統計では日常災害（不慮の事故）による死亡者数は，溺死（主に浴室）を除くと「同一面での転倒」が一番多い。「階段からの転落」や「建物からの墜落」より多いのである。床に不要な段差は設けず，必要な段差や階段の段鼻（出すみ）が視認しやすいよう，色彩計画や材料選びには注意が必要である。子どもの行動は活発であるから，転落事故にも警戒する必要がある。手すり部分は，足がかりとなる横材は極力設けず，縦格子とする場合は，幼児でもすり抜けない間隔（11cm 以下）とする。衝突が懸念される透明で大きなガラスには，シール・プレート等の目印を貼る。

　また，子どもが動き回ることが想定される場では，家具の鋭利な角はない方がよい。ショーケースや棚などに使用するガラスは地震時そして平時でも割れるリスクがあるので，家具のデザインや固定方法，ガラスの飛散防止措置など，細かな注意が求められる。

転倒
転落

●⋯⋯⋯問題行動

　人的問題では，図書館内での問題行動は，ごく一部の人によると考えられるが，多くの職員が経験することである。窃盗や暴力は犯罪であるから，毅然と防止する努力が必要であるが，異臭・騒がしさ・資料の破損等，他の利用者や職員に対し迷惑となる行動も防止したい。デリケートで扱いの難しい問題であり，職員の対処方法（ソフト）が重要となる。

　施設計画（ハード）としては，無意味に死角をつくらず，人の目が行きわたりやすくすることは有効である。そのために，書架の向きや高さに注意を払うことは，使い勝手だけでなく，安全な環境づくりのためにも大事なことである。館の規模が大きくなると，カウンターから館内全域に目配りすることは難しいが，巡回して容易に館内の様子をチェックできる配置とすることが望ましい。監視カメラやミラーも有効だが，それが不要な図書館であることが本来は望ましい。

問題行動
死角

●⋯⋯⋯資料・情報を守る

　「資料の安全」については，図書の紛失を避けるためのブック・ディテクション・システム（BDS）などの検知装置は，新しく建てられる図書館では一般化している。また夜間警備装置も普及している。BDS が設置されているセキュリティゲートは，大学の場合は，学生証を兼ねた図書館カードで入館を管理することが多く，公共図書館では，警告音のみのシステムとする。どちらも誤って（または故意に）貸出手続きをしていない資料を検知した場合，すみやかな注意や対処が必要であるから，

図書の紛失
ブック・ディテクション・システム

ゲートに近い位置に職員が配置されることが望ましい。

貴重資料

　本を劣化させない，という点では直射日光を当てないこと，湿気によるカビが発生しないよう，空気環境を整えることが必要である。貴重資料をより安全な環境で保存するため，専用の書庫や書棚を設ける場合も多い。

　「情報の安全」では，書誌情報や個人情報そして図書館事務情報等を，ウィルスから守り，漏洩を防ぐことが主である。システム設計や運用の課題であるが，施設づくりの配慮としては，プライバシーの保護に注意が必要である。貸出カウンターのモニターが第三者に見えないようにすることは一般的な配慮である。その点で自

プライバシー保護

動貸出（返却）装置やブックポストはプライバシー保護にも役立っている。

●………衛生的環境

シックハウス

　省エネのために，かつて住宅建築では高断熱・高気密化が進んだ。しかし換気をおろそかにしたため，「シックハウス」が問題となった。そして後を追って「機械換気」が必要とされるようになった。シックハウスとは，ホルムアルデヒドに代表される建築材料に含まれる揮発性有機化合物（VOC）が，健康に悪影響を及ぼす現象で，住宅にとどまらず「シックビル」，「シックスクール」等の問題にも及んだ。

建築基準法

　この問題から建築基準法が2003年に改正され，シックハウス対策の定めが具体的に設けられた。居室を有する建物すべてが該当するため，図書館も規制の対象となる。現在流通する建築材料は，VOC の含有はかなり低いが，安全な材料の選定と

換気

計画的な換気が必要である。

　また3,000㎡以上の図書館は，「建築物における衛生的環境の確保に関する法律」

ビル管理法

（ビル管理法）に定める特定建築物となる。維持管理について環境衛生上配慮することが求められる。空気環境の調整，給排水の管理，清掃，ねずみ等の防除が主なポイントである。

●………サービスしやすい環境

　職員の配置は，図書館運営のかなめの一つであり，働きやすく利用者へのサービスがしやすい施設であることが求められる。そのためには，メインカウンター（デスク）の位置や形状は重要である。一般に入口に近い位置にあって，サービスしやすいことが求められる（この注意は UNIT 19 のユニバーサルデザインとも重なる）。また，事務室および書庫との隣接または近接が望ましい。規模が大きくなると，レファレンス用・児童用の複数のカウンター（デスク）を設ける場合が多いが，連携しやすい位置関係であることが望ましい。カウンターから館内がどう見渡せるかには注意を払う必要があり，書架の高さや向きの方向で，見通しは変わってくる。この配慮から，カウンターの前にある書架は低書架や中書架とする場合が多い。

館内の平面・断面の構成は主要歩行ルートが明解であること，エレベーター・階段・トイレの位置がわかりやすいことは一般原則である。迷路のような家具配置や奥まった死角をつくることは避けるべきである。移動ルートがわかりやすいということは，非常時に避難しやすいということでもある。

　歩行や視覚等にハンディキャップをもつ利用者への配慮も欠かせない。教育や福祉の関係者とも連携し，利用に障害のある人たちの需要を把握することが望ましい。バリアをなくし，UNIT 19のユニバーサルデザインが必要であるが，施設の対応だけでサポートすることには限界がある。例えば，点字ブロックを館内にめぐらすことは，ブックトラックの移動の障害になるため，外部からカウンターまでの誘導にとどめる。その先は人が案内するという前提で，人的サービスをしやすい施設づくりに配慮する必要がある。自動貸出装置のような，窓口業務を軽減する機械化は，職員の力をより利用者に向けるためにも有効といえる。

　また，ボランティア・市民グループの活動も重要な役割をもつため，その活動内容を想定し，必要に応じ専用（または兼用）の居場所や収納を準備することが必要である。そのため，計画段階から市民グループと話し合いをもつことが望ましい。

点字ブロック

ボランティア

● 維持管理と安全性の確保

自然災害への備えと耐震化

●‥‥‥‥建設地の特性を知る

敷地の安全性

日本は地震や台風等の自然災害が多い。さらに地球環境の変動のためか，災害が大型化しているといわれている。敷地選定時やすでに建設されている敷地の安全性（危険性）を知るために，多角的なチェックが望まれる。崖地や近傍の河川，海抜高さ，活断層の有無は基本的な情報である。構造設計のためには，地質調査がほぼ必須であるが，それ以前に図書館職員が調査できることは多い。

災害記録

震度予測

まず過去の災害記録をチェックすることは重要である。地震（津波），水害（洪水・高潮），火山活動，豪雪など，その地の特性を示している。そして，震度予測の情報を把握したい。国は地震調査委員会を設置して，1995年より日本各地で地震が起こる危険度を確率で示し，警告している。また，50年前，100年前にその地がどのような状態であったかも把握したい。かつて海・沼・河川だった埋め立て地は，

液状化

地震時の液状化や沈下のリスクが想定されるし，揺れが大きくなる場合がある。

ハザードマップ

図書館にとって水害は大敵である。国や県は洪水浸水が想定される区域を指定し，市町村は，洪水ハザードマップを作成し，洪水による浸水の想定を具体的に地図に示している。このマップの入手も必要である。

●‥‥‥‥地震と津波の被害

1）地震

阪神・淡路大震災

近年，大地震による図書館の被害が多い。阪神・淡路大震災（兵庫県南部地震，1995年）では，図書館でも甚大な被害が多発し，書架の耐震性など図書館の安全性について大きな教訓を残した。また2003年には，東北地方東部および北海道南部の地震，さらに2004年には新潟県中越地震で多くの図書館が被害を受けた。

東日本大震災

2011年の東日本大震災は，国を揺るがす被害となった。3月11日午後，東北地方太平洋沖地震が発生し，大津波をも伴う被害は広範囲に生じた。図書館に利用者・職員がいる時間に発生した地震であることも特筆される。地震の揺れによって，建物や家具類に損傷があった館は多く，膨大な量の図書が散乱した。幸いこの揺れでの人身被害はわずかであったが，津波によって複数の図書館職員が亡くなった。

熊本地震

2016年4月には熊本地震が発生し，複数の図書館に大きなダメージが生じた。構

造体が損傷したため解体された館があり，設備配管の破損から千冊単位の水損が生じた館が複数あった。

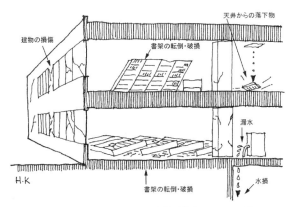

図22-1　図書館における地震被害のイメージ

2）津波・原発事故

　東日本大震災で，東北地方や北関東の沿岸部で甚大な津波被害が発生し，多くの人命を失った。複数の図書館が津波の被害を受け，陸前高田市・南三陸町のように壊滅的なダメージを受け，職員が亡くなられた館があった。さらに，東京電力福島第一原子力発電所は津波に起因する大事故を起こし，図書館を有する周辺地域は放射性物質で汚染された。

津波被害

職員の死亡

●…………耐震性能の重要性

1）建物

　図書館は，庁舎や学校と同様に，震災時に機能を保持する必要がある。国や各自治体は指針等で重要度係数（用途係数）を設け，建築基準法の定めよりもさらに耐震性能を高めている（例：東京都は学校・図書館を1.25倍としている）。しかし，大地震で図書館が損傷する被害が発生しており，それは老朽化している館に多い。

重要度係数

　阪神・淡路大震災が発生した年の暮れ，「建築物の耐震改修の促進に関する法律」（耐震改修法）が施行された。この法は住宅も含め広く耐震改修を促進する目的であるが，3階建て以上かつ1,000㎡以上の図書館は，特定建築物として強く安全性が求められている。構造体が旧基準の建物は，耐震診断を行い，その結果必要ならば補強工事をする。耐震改修は急がれていることだが，実施されていない建物が残っている。

耐震改修法

　地震の揺れを建物本体にほとんど伝えない免震構造も有効と思われるが，コスト的には，上部構造体がスリム化できることを差し引いても安価とは言えない。大型

免震構造

の病院や庁舎など災害時にも機能すべき施設や，研究所など危険物を扱う用途に採用例は多かった。2011年の東日本大震災以降，災害対策の意識が高まり，この技術は図書館にも採用が増えている。

2）家具類

床・壁への固定

　内部では，書架や収納棚等の家具類の床・壁への固定は必須である。頭つなぎなどの揺れに耐える補強も有効である。書架の転倒は人身事故の危険があり，避難路をふさいではならない。低書架は固定されていない場合があるが，転倒しなくても横滑りや落下した本をはさみ込むなど危険性があり，固定した方が望ましい。高所の設置物や吊り物は，落下の危険がないか注意すべきである。これらの注意は事務室・書庫でも同様である。

●……水害

洪水

　図書館では水は大敵である。先にあげた津波を別にすると，甚大な被害につながる災害は洪水である。図書館に雨水が流入し，資料と施設が被害を受けた事例は，国内外にいくつもある。泥や汚物が混ざる雨水に浸かった紙は，よれるしカビが生じやすく，一般には破棄せざるを得ない。建物の隠れた部分にも泥水が入り込むため，除去や電気系統の復旧も大変である。洪水から施設・資料を守るためには，水害に安全な敷地選びが望まれることはいうまでもないが，広域的に不利な地域もある。水害が懸念される場合，地下室を設けない，床高さを高くする，敷地の排水計画を慎重に行うなど，設計上の注意が必要である。

図22-2　雨水の浸入は図書の大敵（写真：川島宏）

　また水損のリスクは地震時にもある。スプリンクラー・水道・空調の冷温水配管が破損し，水が流れ，床に散乱した本が濡れる事故は大震災のたびに発生している。

●⋯⋯⋯人を守る

　災害に対しては，まず人命を守ることが第一である。東日本大震災が発生するまでは，公共図書館で開館時に巨大地震が発生したことが少なかったため，「本当の怖さを知らない」と言われてきた。しかし東日本大震災では，図書館が開館している午後に地震が発生し，コンクリート片が頭にあたって警備員が負傷する事故が図書館で発生している。ヘルメットをはじめ，地震に備える物品を用意し，避難や救命の訓練が必要である。

　火災に対しては，防火管理者を定め防災計画を作成することが消防法で定められている。避難誘導の訓練や初期消火訓練等を実施し，消火器・消火栓・避難器具などの位置や使用法を把握する必要がある。また非常時の連絡体制も重要である。

防火管理者

消防法

　日常の注意として，防火戸や防火シャッターまわりの設置物がある。火災発生時に自動閉鎖するので，その障害になるものを置いてはならない。

自動閉鎖

●⋯⋯⋯資料を守る

　災害で資料にダメージを与える要素は，地震による落下・水損・火災があげられるが，水損・火災は，迅速な対応によって被害を軽減できる場合がある。2004年に福井市の図書館が受けた水害では，床上20cmまで浸水したが，約3万冊の図書を移動して水から守った（福井新聞）。逆に地震時に水道管が破損したことの発見が送れて，図書が濡れたとの報告もある。非常時の職員の連絡体制や迅速で適切な対処は重要である。また水に濡れても貴重な資料を救出し，復元する技術はある。

水損

●⋯⋯⋯避難の場所にも

　図書館は，家具や物品が多く，災害時の避難施設に適しているとはいえないが，避難所や後方支援の場となることがある。阪神・淡路大震災では，避難所となった図書館があり（日本図書館協会調査），2004年の新潟県中越地震でも，図書館や図書室がある公民館が避難所となった（新潟県立図書館調査）。東日本大震災では石巻市の図書館が避難所となり，大船渡市の図書館は支援物資を置く場となった（日本図書館協会調査）。近くに避難所となる公共施設がない場合は，図書館の災害時の役割はより大きくなると想定し，建物の安全性だけでなく，非常用の備品にも注意を払いたい。

避難施設

後方支援

東日本大震災における公共図書館の被害

　2011年3月11日に発生した東日本大震災によって，広い範囲で多くの人命と財産を失う被害があった。公共図書館もまた，地震の揺れや津波によって甚大な被害があった。

○人的被害

　図書館職員が勤務中に亡くなられたことは，衝撃的だった。津波によって壊滅的な被害を受けた陸前高田市で7人，南三陸町で1人亡くなられた。地震による被害は甚大で広範囲であったが，図書館内で負傷した人は少ない。茨城県立図書館で避難誘導をしていた警備員の頭にコンクリート片が当たり，重傷を負った。また同県内では，落下した天井材で利用者が負傷したとの報告がある。それ以外の調査では，不幸中の幸い，軽度の打撲や切り傷で済んでいる。

○図書の落下

　図書類の落下は，広範かつ大量に発生した。被害が集中した岩手・宮城・福島県では，程度の差はあれ多くの図書館で資料が落下した。関東地方でも各県で図書の落下があり，茨城県は被害が大きい。国立国会図書館でも膨大な量の落下があった。

○書架の転倒・破損

　書架の転倒は利用者・職員にとってたいへん危険であり，回避すべきである。書架の転倒事故は多数発生したが，それに伴うケガ人は出なかった。阪神・淡路大震災の教訓から，各書架メーカーは耐震性を高める改善を図っており，新しい図書館での書架の転倒・破損は少なかった。しかし揺れが大きかったエリアの，古い図書館や小型館に書架の転倒が散見された。

○非構造体の損傷

　基礎・柱・梁・床・耐力壁が主要な構造体であるが，これ以外の非構造体が破損することは危険である。具体的には，天井からの落下物（ボード・コンクリート片・設備機器），ガラスの破損，耐力壁以外の壁の破損，塀の倒壊，配管の破損（水道・スプリンクラー・燃料）などがある。

　特に高所からの落下物が危険である。福島県立図書館で空調噴き出し口が高所から落下し，茨城県立図書館では金属パネルの天井材が落下し，危険な状態となった。また，照明器具の脱落も見られたが，電球や蛍光灯が割れる事故はわずかであった。

　天井部が破損した状態では余震時に危険なため，再開することができない。復旧工事に期間を要するため，福島県立図書館・新地町図書館・茨城県立図書館等は，長期の閉館を余儀なくされた。

　窓ガラスの破損は同様に危険なことであるが，高所から割れたガラスが降ってく

るような状態は少なかった。福島県立図書館では高さ4mを超すガラスが割れ，仙台市泉図書館では窓ガラスの割れが多かった。

　配管の破損による水損は，資料を痛めるため注意が必要である。水道管・冷暖房機器・スプリンクラー等の設備の破損による水損は，複数の館で発生した。

○構造体の破損

　構造体の破損は，復旧（または解体）工事を要し，早い再開は難しい。地震によって倒壊した館はないが，危険状態になった図書館がある。名取市図書館は，柱・梁・壁にヒビが入り，危険度判定で「立入り危険」とされ，解体された。仙台市泉図書館は，コンクリートに亀裂や割れが発生し，再開に約8か月要した。

○津波による被害

　三陸沿岸部を中心に，甚大な津波被害が各所の図書館にあった。大槌町・陸前高田市・南三陸町・石巻市の2分館は壊滅的であり，腰や背の高さまで津波が来た館もある。津波を受けた資料は，ほとんどが流失または廃棄された。一部は修復されたが，失った図書は膨大である。複数の館が解体され，再建に年月を要した。陸前高田市立図書館が別の敷地に再建されたのは，2017年7月であった。

○原発事故による被害

　東京電力福島第一原子力発電所で大事故が発生し，放射性物質が飛散し，周囲が汚染された。住民避難が余儀なくされた1市4町に図書館があり，長期にわたり閉館せざるをえなかった。2019年末時点で3館が閉鎖中である。

既存施設の増改築・他用途施設の転用

●‥‥‥‥既存施設の転用事例の増加

近年，全国の自治体で財政難の状態が続いており，少子高齢化による人口減少を

公共施設等総合管
理計画

持続可能な社会づ
くり

転用

踏まえた「公共施設等総合管理計画」の策定も各自治体で進められているなど，「新
しく造ること」から「賢く使うこと」が検討されている。「平成の大合併」で施設
の統廃合も進み，ハードとしてまだ利用できる施設が地域内にストックされ，持続
可能な社会づくりへの機運も高まり，歴史的に価値のあるものを転用するだけでは
なく，地域内にある既存施設を異なる用途へ転用し，活用する事例も増えている。

既存施設から図書館への転用は，日本図書館協会が2006年に行った調査によると
1990年以降増加傾向にあり，全国の32都道府県で転用事例があり，地域的な偏りは
なく，各地で図書館への転用が行われている実態が整理された（日本図書館協会施
設委員会編『第28回図書館建築研修会　図書館建築を考える−既存施設の転用事例
を中心に』日本図書館協会，2006）。

この結果，既存施設の旧用途を分類すると，公共施設22%，庁舎21%，業務施設
21%と多く，次いで学校12%，商業施設7%となった。ワンフロアで比較的広い面
積があると考えられる大型店舗・体育施設・工場・倉庫などは10例（11%）程度し
かなく，事務・執務系の用途施設からの転用が多い。また，何度も転用を繰り返す
建物もあり，各地域の実情に沿って計画されている状況がうかがえた（中井孝幸，
植松貞夫，柳瀬寛夫「公共図書館における既存施設の転用に関する研究」『日本建
築学会大会学術講演梗概集』E-1，p.115-116，2007.8）。

●‥‥‥‥既存施設の転用における経緯と意義

先の調査結果から転用の経緯を概観すると，建物自体の歴史的な価値に基づく保

外壁保存

存を目的とした転用は，外壁保存2例を含む9例のみで，公民館図書室などから図
書館への拡張6例，空き教室4例など約9割が余剰スペースの活用であった。

コンバージョン

転用の検討として，図書館の建設計画があってコンバージョンを選択した場合と，
活用したい既存施設があって用途を図書館にした場合の大きく2つがあり，それぞ
れで計画の意義が異なる。また，図書館への転用理由としては住民からの設置要求
が高かったことがあげられている。

この調査報告では，既存施設から図書館へ転用を検討する手がかりとして，①コスト，②構造躯体，③空間特性，④面積，⑤立地，⑥文化・歴史性の6指標から転用を検討することが述べられている。各指標から費用対効果，ストックの活用，景観や歴史文化の継承など総合的に判断することが必要となる。費用対効果
ストックの活用
景観

●⋯⋯⋯活用したい既存施設を図書館に転用

先の調査報告によると，木造小学校を「曳屋（ひきや）」にて移築して一部改修した滋賀県の甲良町立図書館，明治期のレンガ造の紡績工場をリニューアルした兵庫県の洲本市立図書館，旧陸軍のレンガ倉庫を転用した東京都の北区立中央図書館（図23-1，2）など，歴史的に価値の高い建築物をある程度コストをかけて保存活用している事例もある。曳屋（ひきや）

また，国立国会図書館国際子ども図書館は，基礎部分に免震装置をジャッキアップして挿入するという免震レトロフィット工法により，従前の壁で囲まれた空間的な特徴を残すように計画されている。また，戦前の昭和期の名古屋市中村区の稲葉地配水塔は，円形神殿のようなデザインが特徴で，増床して公共図書館への転用後，現在も演劇練習館「アクテノン」として使われ続けている。免震レトロフィット工法

既存施設の転用は，コスト面の有利さだけでなく，地域の歴史や文化，景観を残すことにもつながるため，将来への持続的な視点からも計画時に配慮が必要となる。

図23-1　東京都北区立中央図書館　外観　　図23-2　東京都北区立中央図書館　内観

●⋯⋯⋯図書館の建設計画があって転用を選択

図書館の建設計画があって転用を選択した場合の既存施設種としては，先の調査からは庁舎や学校が多い。こうした転用では，歴史や文化の継承からといった理由は少なく，新築より転用の方が経済的に有利という理由が最も多い。

図書館の住民からの設置要望は比較的高いが，行政としては財政上の理由から新築での計画を断念することが多い。そうした中，多摩市立図書館では市民の要望に応えるため，廃校になった中学校があまり工事を行わずに，10年程度の暫定的な移

転で中央館として利用している事例もある（日本図書館協会施設委員会編『第30回図書館建築研修会　図書館建築・既存施設からの転用を考える－"学校から図書館"にみる現状と課題』日本図書館協会，2008）。

また，こうした転用事例では低コストが優先されるため，ほとんどの場合は床などが補強されず，書架などの家具も固定されずに置かれるだけの状況が散見される。

●…………書架の固定とレイアウトへの課題

積載荷重
一般開架
閉架書庫
書架間隔
収蔵能力

既存施設の庁舎や学校の床の積載荷重は230〜280kg/㎡（2900N/㎡）だが，図書館の一般開架で500〜800kg/㎡（6000N/㎡）程度，閉架書庫ならば1200kg/㎡（11800N/㎡）程度は必要となる。しかし，コストを重視した転用のほとんどの場合では，補強工事は行われないため，低書架を採用し，書架間隔を広げるなど収蔵能力を減らして計画する必要がある。補強工事を行わずに転用する場合，図書の積載荷重のため新築や増築で計画するよりも書架を置くことができず，特に書架の段数が減るため収蔵能力が少なくなり，たとえ従前から面積が増えても収容冊数は変わらないこともあるので注意が必要である（今井正次，櫻井康宏編著『設計力を育てる建築計画100選』共立出版，2015）。

群馬県の草津町立図書館は，役場の一角からバスターミナル駅３階の旧温泉資料館を転用して，資料館を併設した「温泉図書館」として移設された（図23-3，4）。書架が配置されるピッチ（間隔）を一般的な1800mmから2000mmに少し広げ，カウンターからの見渡しも考慮して，中置き書架の棚数は低く抑え，壁際の書架は少し高めに計画されている。

東日本大震災
固定強度不足
転倒防止

また，2011年３月の東日本大震災でも，転用で計画された図書館において床や壁への固定強度不足のため書架の倒壊が数多く報告されている。基本的には，地震時の書架の転倒防止のため床や壁に書架を固定することが求められ，図書館への転用の際は専門家のアドバイスを受けて計画するべきである（日本図書館協会施設委員会編『第33回図書館建築研修会　東日本大震災に学ぶ』日本図書館協会，2012）。

図23-3　草津町の温泉図書館　入口

図23-4　草津町の温泉図書館　内観

●⋯⋯⋯一般開架室のオープン化への課題

　近年の図書館では開架方式が定着し，公開書庫と呼ばれる利用率の下がった図書
も開架するなど，一般開架エリアは面積が広がり，ワンルームの大空間として計画
されるようになってきた。そのため，既存施設の躯体をそのまま使うのではなく，
一部増改築を伴って今日的な図書館に近づける事例も増えている。

　学校からの転用だと教室ごとに耐震壁があるため，大きな開口を設けることがで
きない。そこで，茨城県の潮来市立図書館は廃校になった小学校からの転用だが，
オープンな一般開架スペースだけ増築して，あとは耐力壁で囲まれた教室空間を閉
架書庫や事務所部分として利用している例もある（図23-5，6）。

耐震壁

　このように開架エリアのオープン化はもとより，蔵書全体の収蔵力を上げるため
にも，一般開架室の一部を増築することは有効であると考えられる。

図23-5　潮来市立図書館　外観　　　　　図23-6　潮来の増築した開架部分

●⋯⋯⋯既存施設の空間特性と施設サービスの確保

　海外では製粉工場や複数の建物群をつなぎ合わせて図書館に転用した事例もある
が，日本では既存建物の空間的な特徴を活かし，新しい図書館像を作り出した転用
事例はまだ少ないといえる。

図書館像

　転用事例は増えているが，日本図書館協会の『Lプラン21』が地域館クラスで推
奨している床面積800㎡かつ蔵書5万冊を超える図書館は，先の調査では約3割
（26/91例）と少ない（日本図書館協会町村図書館活動推進委員会編『図書館による
町村ルネサンス　Lプラン21－21世紀の町村図書館振興をめざす政策提言』日本図
書館協会，2001）。財政難の自治体にあっては，新築の前に既存施設の転用や改築
を検討しており，図書館未設置地域の解消，持続可能なまちづくりの観点からも既
存施設を活用する必要はあるが，建物のストックがあるからといって，安易な転用
は避けるべきであろう。

『Lプラン21』

図書館未設置地域

持続可能なまちづくり

　低い施設サービス水準では利用しようという需要も起こらないため，転用によっ
て新しい図書館像を作り出せないまでも，既存施設の空間的な特徴も加味しながら，
増築などによる魅力を付加した施設づくりが必要である。

浦安市立中央図書館での増築によるニーズへの対応

　公共図書館での利用は，貸出型から滞在型，課題解決型と各年代とともに利用も変化して広がってきている。そうした中，浦安市立中央図書館（図 S-1）は1983年に開館し，1989年に開架書庫（公開書庫）が増築され，一般的な書架間隔の1.8mよりも少し狭い1.5m程度で計画され，端部には閲覧席が増設されている（図 S-2）。この頃から，ビジネス支援などの課題解決型の利用へのサービス提供においても全国的に有名になる。その後，休憩・飲食可能なラウンジが2006年に増築してオープンし，BDS 内に飲食可能な休憩スペースが用意されることで，利用の選択肢も増えて，さまざまな滞在型の利用が館内で展開できるようになった（図 S-3）。

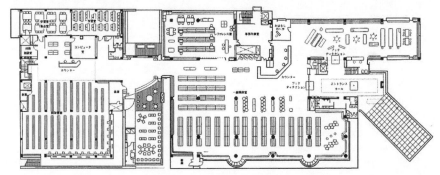

図S-1　浦安市立中央図書館の 1 階平面図の変遷

（出典：浦安市立図書館概要，平成20年度（2008），浦安市立図書館）
（出典：松本直司，瀬田恵之，高井宏之，建部謙治，谷田真，中井孝幸，矢田努『建築計画学』理工図書，2013）

図S-2　公開書庫（浦安市立中央図書館）

図S-3　ラウンジ（浦安市立中央図書館）

　このように，図書館は作って終わりではなく，時代や社会の変化，ニーズの変化に増改築で柔軟に対応すれば，施設のサービス水準を確保しながら，さまざまな図書館利用や学習活動が展開され，施設を長く使い続けることが可能となる。定期的にきちんとメンテナンスを続ければ，利用者も愛着をもって利用し続けることが可能となり，地域に根づいた図書館文化が定着すると考えられる。

UNIT
24

● 図書館建築の設計事例

国内の図書館の紹介

●⋯⋯⋯図書館施設の実際

　図書館施設の成り立ちやあり方を学ぶにあたり，実際にいろいろな図書館を訪問し，館内を見て回ることは有用である。都道府県立，市立の中央や地区，町村立の図書館等，自分の生活圏にある図書館や，少し足を伸ばして周辺の図書館や旅行先の図書館を訪問すると，それぞれに違いや個性があって発見することが多い。

　この UNIT では，1990年代以降に開館した図書館で，一定の評価を得た館を紹介することを通じ，施設の理解を深め，関心が広がることをねらう。紹介する図書館は，公益社団法人日本図書館協会が毎年顕彰している「日本図書館協会建築賞」を受賞した館から，規模・設計者が異なる３館を選んでいる。

日本図書館協会建築賞

　概要に示す諸データは，『日本図書館協会建築賞作品集1985-2006』（日本図書館協会，2007）によっている（奉仕対象は2000年の自治体の人口）。同書には写真・図版が多く掲載されており，自習や教材に活用することを勧める。この UNIT で特記なき図版・写真は同書を出典とする。

●⋯⋯⋯置戸町生涯学習情報センター（現：置戸町立図書館）

　−紹介１　町立の中規模館から−

```
置戸町生涯学習情報センター（現：置戸町立図書館）　概要
所　　在　北海道常呂郡置戸町字置戸445-2
奉仕対象　約4.1千人
収蔵容量　200千冊
階 構 成　地上１階
延床面積　1,397㎡
開館年月　2005年１月
設 計 者　三上建築事務所
```

　置戸町は，北海道のオホーツク地方の山あいにあり，農林業が盛んな町である。この町は，図書館を町の活性化の拠点と位置づけ，熱心な図書館活動を続けてきたことでも知られる。２代目の図書施設となる生涯学習情報センターは，準備のプロセス・施設・サービスのすべての面において優れていると評価された。

　曲面屋根や薪ストーブの設置等，個性的な表情を見せているが，平面構成（プラン）は平屋建てワンルームの開架空間に集会スペースが附帯しており，カウンターは扇に例えれば要の位置にある。自然光は北側から採って直射光を防いでいる。公

ワンルーム

共図書館の諸スペースの，望ましい配置がよくわかる基本形の一つといえる中規模館である。カウンターから見ると，入口・各開架スペース・トイレ・書庫への目配りがしやすく，背に事務スペースと接していて，職員同士の連携がとりやすい。

BDS

　ここで注意すべき点をあげると，BDSがなく，子どもスペースと一般スペースに建築的仕切りがない。この点は置戸町のおおらかさの現れと解釈できるが，都市部のこの規模の図書館では，BDSを設けて資料の貸出手続をチェックすることが一般的である。BDSで警告音が鳴ったときに，職員がすみやかに対応できるように，BDSゲートとカウンターを近づけるプランが多い。子どもスペースは，騒がしさやそれに対するクレームを警戒して，室やエリアを別にすることが多い。また，

ブックモビル

ブックモビル車庫が奥にあり，町内を巡回していないときに，BM内の資料を館内から利用できるようにしている。これは珍しいアイデアであって，一般にBM車庫は事務室や通用口と近接する配置としている。

　インテリアは，カーブする木造の梁や吊り下げ照明が，落ち着きを見せ，視線が通る書架の高さに統一されているため，広がりを感じる。ポーチに面するガラス建具は，広く開くようになっており，外とつながる大らかな利用を可能にしている。

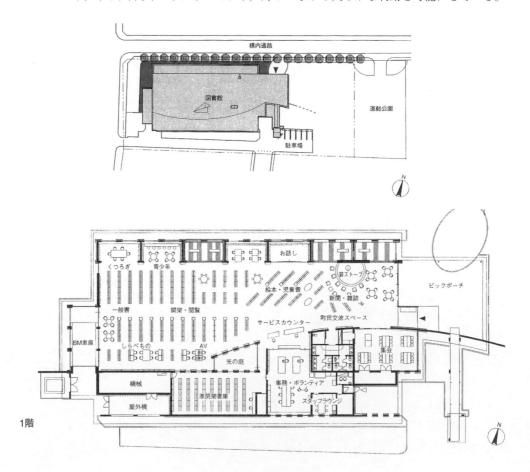

●‥‥‥‥‥苅田町立図書館

－「滞在型図書館」を広めた試み－

```
苅田町立図書館　概要
所　　　在　福岡県京都郡苅田町富久町1-17-8
奉仕対象　約35.6千人
収蔵容量　約15万冊
階 構 成　地上１階
延床面積　約1,983㎡
開館年月　1990年５月
設 計 者　山手総合計画研究所
```

　1970年代・80年代の図書館は，市民に開かれた，貸出サービスを重視する館の整備が広まった時期といえる。貸出重視型は館内閲覧用の座席数は多くなく，貸出冊数が重要な指標であった。そのような時期にあって，苅田町立図書館は，館内そして館の外で利用者がどう過ごすのか，いかに活用するのかを細かくイメージし，建築的にいろいろな滞在の場を用意した。アルコーブ（くぼみ）状の読書席は，テラスや庭と接し，変化に富んでいる。外部には芝生の広場や集会パティオ（中庭）を設け，多様な利用を想定している。

滞在の場

　アプローチルートは歩行者と自転車を優先し，東側（図右）から大パティオを通る。自家用車による来館者は西側の駐車場に回り，芝生の広場を見ながらアプローチする。施設の構成は図書館部と展示・集会の部分に分かれており，その結節部が

エントランス（入口）となっている。このエントランスからカウンターまで少し離れていて，その間にブラウジングがあり児童開架が顔を見せている。カウンターから開架スペースの各所を見渡しやすいというメリットがあるが，前出の置戸町と同様に，資料の管理を重視して BDS を設ける場合は，カウンターと BDS ゲートをより近づける必要がある。

　特徴あるこの館は，図書館のあり方を再考する契機として全国的に注目され，その後の図書館づくりに与えた影響は大きかった。「滞在型」の図書館という認識が広がったのは，この頃からだとされている。同じ設計者（寺田芳朗氏）による新図書館は，国内にいくつか建てられたが，そのうち日本図書館協会建築賞を受けた館に，伊万里市民図書館と南相馬市立中央図書館がある。

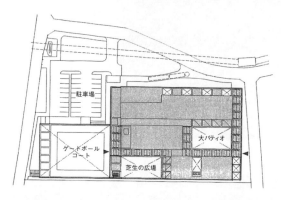

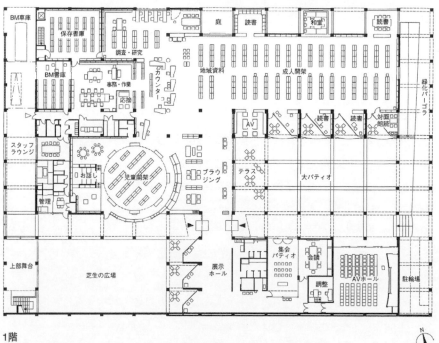

1階

(撮影：川島宏)

●··········市川市中央図書館

−21世紀型図書館を予感させた大型館−

```
市川市中央図書館　概要
所　　　在　千葉県市原市鬼高1-1-4
奉仕対象　約44.9万人
収蔵容量　約109万冊
階 構 成　地下1階・地上4階
延床面積　約19,648㎡
開館年月　1994年11月
設 計 者　山下設計
```

　図書館をメイン施設とした複合型の生涯学習施設で，全体の呼称は「メディア　　生涯学習施設
パーク市川」である。市立図書館としては最大級で，しかもワンフロアに開架冊数　　ワンフロア
約23万冊の容量をもつことは特筆される。開館当時は質・量ともに充実した一つの
到達点との感をもって注目を集めた。いわゆる「バブル経済」の時期に設計された
ためか，凝った造りが各所に見られる。

　館を構成する主な用途は図書館・子ども館・映像センター・教育センターであり，
主役は図書館である。それぞれの独立性と関連性とのバランスをとった部門の配置
としている。図書館の一般部（1階）は入口ホールから奥のレファレンスカウン
ターへ向かう直線の動線が軸となっている。この部分の上部は2層の吹き抜けに
なっており，2階の映像センターと視覚的につながり，上部からトップライトの光　　トップライト
を導いている。一般開架書架の並びは，明快な並びとしながら，低書架と高書架を
使い分け，斜めの見通しを設けるなど，視線の広がりや通りに留意している。

　図書館のプランが明快であるのに対し，こども図書館が「水のひろば」を介して
一般閲覧スペースから離れている。欠点と見ることもできるが，中央子ども館の機
能と並ぶ配置であり，子ども館と図書館の相乗効果を重視したと思われる。

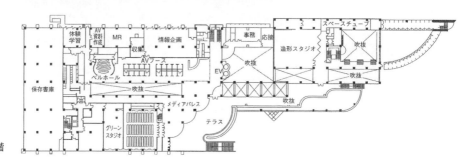

2階

1階

設計事例の紹介

●⋯⋯⋯「一品生産」である建築の設計

UNIT 12の冒頭で述べたように，まったく同じ条件下での建築設計はあり得ず，個々の特性を踏まえた創意工夫は，すべての図書館が取り組むべき課題である。その解決に向け，施主である事業主体，図書館員，そして設計者はじめ関係者が，利用者の声を尊重し総力をあげ，その図書館ならではの具体像を描き出していく必要がある。

とはいえ，図書館建築の事例は多く，建築計画の研究成果の蓄積もあるので，経験のある建築家であれば，①敷地特性（形状，周辺概況），②建設規模（面積，蔵書数），③予算などの基本条件がわかれば，概略設計は可能である。にもかかわらず，時間をかけて設計を行うのは，建築が「一品生産」だからである。

設計プロセスを通して，関係者の共通認識が高まり，それを着実に設計へ反映できた一人ひとりの納得感が，完成後も「成長していく図書館」の原動力となる。

設計プロセス

成長していく図書館

本UNITでは，2016年度日本図書館協会建築賞を受賞した千葉県の「八千代市立中央図書館・八千代市民ギャラリー」を設計事例として紹介する。

●⋯⋯⋯八千代市立中央図書館・八千代市民ギャラリー

1）概要

八千代市は，首都30km圏の千葉県北西部に位置し，京成線，東葉高速鉄道沿線を中心にベッドタウンとして発展してきた。人口約19.8万人（2018年3月）。

2015年7月に開館した中央図書館は，既存4図書館を束ねるとともに，市民ギャラリーとの複合施設として，「学び・憩い・集い・情報の場」をコンセプトとした生涯学習拠点と位置付けられている。敷地は市のほぼ中央，東葉高速鉄道八千代中央・村上両駅の徒歩圏，自然豊かな新川のほとりで，県立八千代広域公園内に立地する。

2）設計上の重点ポイント

① 敷地の広さを活かし，利用者スペースを，ほぼ「ワンフロア」に納める

② 天空光を随所に採り入れ，「落ち着いた光に包まれて過ごせる空間」をつくる

③ 「図書館」への道ゆきに沿って「市民ギャラリー」を配置。「相乗効果」を図る

相乗効果

④ 「図書館」と「市民ギャラリー」の事務室をワンルームに。「連携強化」を促す

連携強化

3）全体構成のイメージ

新川の流れに沿う幾筋もの壁，その間に明るく豊かな気持ちになれる空間が生まれるイメージ。トップライトから天空光が優しく降り注ぐ空間。ときおり川面にゆったりと広がる波紋（円状）を，人の集まりや情報発信のイメージと重ねあわせ，円形のフリースペースとして，壁がつくる空間に組み込む……。「ワンフロア」だからこそ可能な配置構成として提案した。

天空光

4）複合のあり方

複合施設の核として図書館を位置づける計画が増えているが，単なる併設ではない相乗効果の導き方，それぞれの特性を活かす複合のあり方が求められている。

複合のあり方

エントランスを挟んで，「図書館」と「市民ギャラリー」を左右に分ける配置は一見合理的ではあるが，大勢の図書館利用者がギャラリーに立ち寄らずに帰ってしまう確率が高い。よって，ギャラリーにも自然と立ち寄りたくなる位置関係に，また両方の事務室を一体的に整備し，運営側も連携しやすい平面計画とした。

それは，1階床面積5,000㎡を超える「ワンフロアの効用」ともいえ，「図書館」と「市民ギャラリー」の，より高い相乗効果をめざす上で，またユニバーサルデザインを徹底する上でも有効であった。

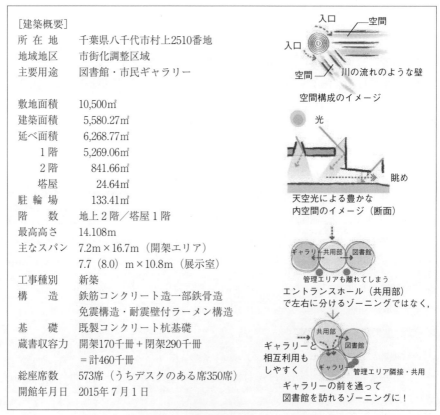

［建築概要］
所 在 地　千葉県八千代市村上2510番地
地域地区　市街化調整区域
主要用途　図書館・市民ギャラリー

敷地面積　　10,500㎡
建築面積　　5,580.27㎡
延べ面積　　6,268.77㎡
　1 階　　5,269.06㎡
　2 階　　841.66㎡
　塔屋　　24.64㎡
駐輪場　　133.41㎡
階　　数　　地上2階／塔屋1階
最高高さ　14.108m
主なスパン　7.2m×16.7m（開架エリア）
　　　　　　7.7（8.0）m×10.8m（展示室）
工事種別　新築
構　　造　鉄筋コンクリート造一部鉄骨造
　　　　　免震構造・耐震壁付ラーメン構造
基　　礎　既製コンクリート杭基礎
蔵書収容力　開架170千冊＋閉架290千冊
　　　　　　＝計460千冊
総座席数　573席（うちデスクのある席350席）
開館年月日　2015年7月1日

図25-1　建物の概要とコンセプト

5）課題解決支援を促す環境として

　自動貸出・自動返却システムの導入などにより作業効率を向上させ，人ならでは
のレファレンス環境の充実を図っている。総合サービスエリアでは，サービスデス
クの他に勾玉型レファレンスデスクを2台，ノンフィクション系，参考図書や背後
の閉架書庫にも近い位置に設置。また児童図書エリアでも要の位置に勾玉型レファ
レンスデスクを1台設置，自分で調べる検索機能もその周辺に充実させている。

勾玉型レファレン
スデスク

　また，印刷媒体とデジタル情報の双方を使いこなすハイブリッド利用もしやすく，
パソコンと本を並べて置けるデスクのある席を開架書架周囲に点在させている。そ
れらの席が長時間利用者で塞がらないように，学習室機能も目的や静粛度に応じて
選択しやすく複数個所に用意している。

ハイブリッド利用

6）児童図書エリアと一般図書エリアのつながりが生み出す効果

　すべての本が同じフロアでつながっている効果の一つとして，特に子どもにとっ
て，全館至るところに居場所を見つけやすくなる。今回の設計では，書架等図書館
家具の個性化で「児童図書エリア」と「一般図書エリア」の領域をわかりやすくさ
せ，その一方，空間としては一体感のあるつながりを心がけた。それは「児童図書
エリア」を独立して造り込みすぎた場合，児童が「一般図書エリア」に対して心理
的バリアを感じる弊害を生じやすいからである。

心理的バリア

　また，一体感のある空間構成とすることで，「児童図書エリア」の本を「大人も
手に取りやすい」環境にもなる。最近の児童書のおもしろさに気づくことを含め，
幅広い本との出会いを通して，多世代間の相互理解にも役立つと考えた。

　次ページ以降の参考写真にもあるように，一般の大人の近くで子ども同士が学び
あいながら，社会に馴染んでいく効果も期待される。よほどうるさければ注意され
るであろうが，そ
れを含め多世代が
共存できる公共空
間としての図書館
の貴重性は，もっ
と評価されてしか
るべきと思う。

多世代共存

　なお，安心して
過ごせる広さには
限度があり，この
規模がワンフロア

図25-2　全景：県立八千代広域公園に立地，新川越しにみる

開架閲覧室の限界に
近いとも感じている。

雑誌エリア・一般図書エリア

市民
ギャラリー

課題解決支援を促進するために、自動貸出・自動返却システムの導入で作業の効率化を図り、人ならではのレファレンス空間の充実を図っている。左：総合サービスエリアには勾玉型レファレンスデスクが2台。　右：児童図書エリア（左:ものがたり、右:ちしき架）の要の位置にも専用の勾玉型レファレンスデスクを１台、近くの検索機能も使いやすく配置

＜開館後のワークショップ事例＞

図書館前の凹みスペースでの手づくりワークショップ

市民ギャラリー主催「放課後スクール」等の催しも、
ギャラリーやエントランスホールなど各所で開催

＜子どもの幸せを願う大人たちへの支援＞

研修会議室にて週3回託児サービス。自分の時間を生み
出すためのサービスであるが、保育士に相談しながら一
緒に過ごす親もいて、子育て世代の多様なニーズを実感

ほっとコーナー（右奥）は、子育て世代のためのふれ
あい空間。眼の前の子どもテラスで遊ばせつつ（ほっ
とく）、ほっとできる意図を表わしたネーミング

＜子どもにとってまた来たくなる空間＞

児童図書エリアがエントランスホールからも良くみえる

「ものがたり架」は迷路空間でありながら見通しがよく、
魅力が重なって見える

＜子どもが一般図書エリアにも行きやすい環境＞

児童図書エリアのみならず館内各所に居場所を見出す子
どもたち。空間の一体感とともに、馴染みやすいデザイン
の椅子が点在してみえる光景も効果的と分析している

子どもたちの日常において、一般の大人と近い関係で過
ごせて、ごく自然に社会に馴染んでいける点でも、図書
館は貴重な公共空間といえる

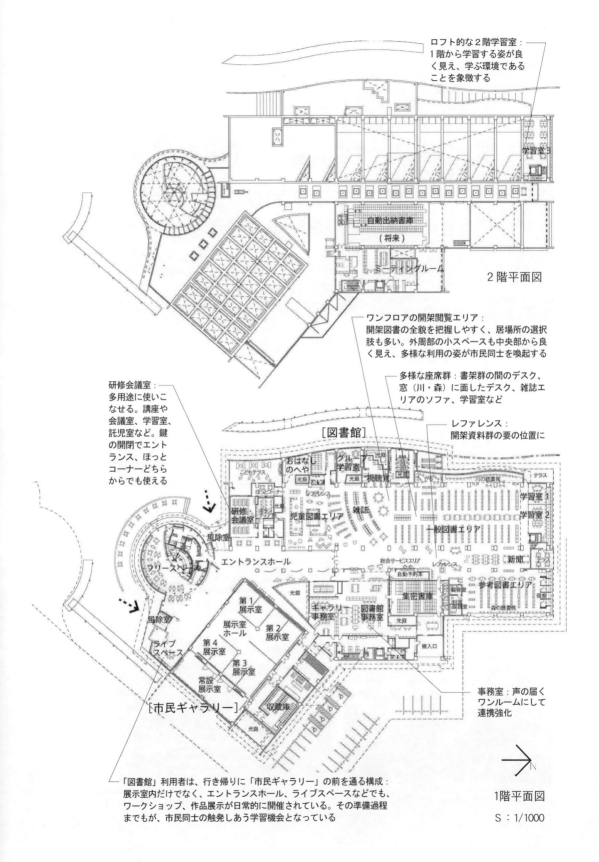

ロフト的な2階学習室：
1階から学習する姿が良
く見え、学ぶ環境である
ことを象徴する

学習室3

自動出納書庫
（将来）

ミーティングルーム

2階平面図

ワンフロアの開架閲覧エリア：
開架図書の全貌を把握しやすく、居場所の選択
肢も多い。外周部の小スペースも中央部から良
く見え、多様な利用の姿が市民同士を喚起する

多様な座席群：書架群の間のデスク、
窓（川・森）に面したデスク、雑誌エ
リアのソファ、学習室など

研修会議室：
多用途に使いこ
なせる。講座や
会議室、学習室、
託児室など。鍵
の開閉でエント
ランス、ほっと
コーナーどちら
からでも使える

[図書館]

レファレンス：
開架資料群の要の位置に

おはなし
のへや

グループ
学習室

こどもテラス

視聴覚

学習室1

研修
会議室

児童図書エリア

雑誌

学習室2

一般図書エリア

新聞

エントランスホール

総合サービスエリア

フリースペース

自動予約本

参考図書エリア

風除室

集密書庫

第1
展示室

展示室
ホール

第2
展示室

ギャラリー
事務室

図書館
事務室

光庭

風除室

ライブ
スペース

第4
展示室

第3
展示室

常設
展示室

搬入口

事務室：声の届く
ワンルームにして
連携強化

収蔵庫

[市民ギャラリー]

N

1階平面図

S：1/1000

「図書館」利用者は、行き帰りに「市民ギャラリー」の前を通る構成：
展示室内だけでなく、エントランスホール、ライブスペースなどでも、
ワークショップ、作品展示が日常的に開催されている。その準備過程
までもが、市民同士の触発しあう学習機会となっている

参 考 文 献

本テキスト執筆の参考文献を掲げる。（書名・論文名の五十音順）

『美しい知の遺産－世界の図書館』ジェームズ・W. P. キャンベル，河出書房新社，
　2014

『浦安市立図書館概要　平成20年度（2008）』浦安市立図書館

『エアコン1台で心地よい家をつくる方法』西郷徹也監修，エクスナレッジ，2013

『エアコンのいらない家』山田浩幸著，エクスナレッジ，2015

「カーリル」（http://calil.jp/，最終参照日2019.10.15）

『建築計画』長澤泰編著，市ヶ谷出版社，2005

『建築計画学』松本直司，瀬田恵之，高井宏之，建部謙治，谷田真，中井孝幸，矢
　田努，理工図書，2013

『建築・交通・まちづくりをつなぐ：共生のユニバーサルデザイン』三星昭宏・高
　橋儀平・磯部友彦著，学芸出版社，2014

『公共図書館』佐藤仁・西川馨著，井上書院，1974

「公共図書館と学校図書館の継続利用からみた子どもの読書活動－疎住地における
　図書館の設置計画に関する研究　その1」木尾卓矢，小中佑斗，中井孝幸『日本
　建築学会大会学術講演梗概集』建築計画，p.107-108，2017.8

「公共図書館における開架エリアの平面計画の変遷」中井孝幸『日本建築学会東海
　支部研究報告集』第45号，p.585-588，2007.2

「公共図書館における既存施設の転用に関する研究」中井孝幸，植松貞夫，柳瀬寛
　夫『日本建築学会大会学術講演梗概集』E-1，p.115-116，2007.8

「公共図書館における利用者の蔵書探索に関する研究」青山裕亮，中井孝幸『日本
　建築学会東海支部研究報告書』第46号，p.553-556，2008.2

『公共図書館の地域計画』栗原嘉一郎，篠塚宏三，中村恭三，日本図書館協会，1977

「公立図書館の任務と目標」日本図書館協会図書館政策特別委員会編
　（http://www.jla.or.jp/library/gudeline/tabid/236/default.aspx，最終参照日2019.10.15）

『COSMOS（上・下）』カール・セーガン，木村繁訳，朝日新聞社，1984

「子どもたちの『場』としての図書館」中井孝幸『図書館雑誌』Vol.111，No.10，
　p.660-663，2017.10

『これからの図書館－実践事例集』図書館未来構想研究会企画・編集，2006

「これからの図書館像－地域を支える情報拠点をめざして」文部科学省
　（http://warp.da.ndl.go.jp/info/ndljp/pid/286184/www.mext.go.jp/b_menu/houdou/18
　/04/06032701.htm，最終参照日2019.10.15）

『ささえあう図書館－「社会装置」としての新たなモデルと役割』青柳英治編著，勉
　誠出版，2016

「座席選択による居場所形成からみた『場』としての図書館に関する研究」中井孝幸，谷口桃子『地域施設計画研究』33，日本建築学会，p.75-82，2015.7

「児童生徒の読書習慣からみた学校図書館と公共図書館の相関性－子どもの発達段階からみた学校図書館の活用に関する研究その1」河口名月，楠川充敏，中井孝幸『日本建築学会大会学術講演梗概集』建築計画，p.109-110，2016.8

「『島まるごと図書館構想』による図書館計画と地域再生からみた図書館利用の発達段階－疎住地における『場』としての図書館の設置計画に関する研究　その1」片岡桃子，中井孝幸，大西拓哉『地域施設計画研究』34，日本建築学会，p.55-64，2016.7

『市民の図書館　増補版』日本図書館協会編，日本図書館協会，1976

『集合住宅の機能・性能事典』産業調査会，2002

『照明設計資料』Panasonic，2018年ホームページ（https://www2.panasonic.biz/ls/lighting/plam/knowledge/design_knowledge.html，最終参照日2019.10.15）

『優れた図書館はこう準備する』西川馨，教育史料出版会，2007

『図説　図書館の歴史』スチュアート・A. P. マレー著，日暮雅通監訳，原書房，2011

「すべてのまちに図書館を～公立図書館の整備への支援策等の紹介」文部科学省生涯学習政策局（https://www.mext.go.jp/a_menu/shougai/tosho/pamph/06020303/001.htm，最終参照日2019.10.15）

『聖籠町立図書館基本計画報告書』日本図書館協会編，日本図書館協会，2010

『設計力を育てる建築計画100選』今井正次・櫻井康宏編著，明石行生・中井孝幸・大月淳・吉田伸治著，柳澤忠監修，共立出版，2015

『総合カタログ　2017-2018版』YAMAGIWA

「大学図書館における学習環境と利用者の図書館像－『場』としての大学図書館の施設計画に関する研究　その1」中井孝幸，蒋逸凡『日本建築学会計画系論文集』Vol.79，No.705，p.2347-2356，2014.11

「大学図書館の座席レイアウトからみた滞留行動について　居場所としての大学図書館の施設計画に関する研究　その2」大山真司，田中隆一朗，中井孝幸『日本建築学会大会学術講演梗概集』建築計画，p.425-426，2014.9

「大学図書館の大学図書館における利用行動と座席周辺環境からみた学習空間の階層構造－ラーニングコモンズのある大学図書館での『場』の階層性に関する研究その1」楠川充敏，中井孝幸『日本建築学会計画系論文集』Vol.82，No.732，p.341-351，2017.2

『第28回図書館建築研修会　図書館建築を考える－既存施設の転用事例を中心に』日本図書館協会施設委員会編，日本図書館協会，2006

『第30回図書館建築研修会　図書館建築・既存施設からの転用を考える－"学校から図書館"にみる現状と課題』日本図書館協会施設委員会編，日本図書館協会，2008

『第33回図書館建築研修会　東日本大震災に学ぶ』日本図書館協会施設委員会編，

日本図書館協会，2012

『第38回図書館建築研修会（2016年度）　対話に基づく図書館設計づくり　設計は対話で深化する』日本図書館協会施設委員会編，日本図書館協会，2017

『地域に対する公共図書館網計画』栗原嘉一郎，中村恭三，日本図書館協会，1999

「地方中小都市における図書館利用とモータリゼーション」中井孝幸『現代の図書館』Vol.39，No.2，p.102-110，2001.6

『中小都市における公共図書館の運営』日本図書館協会編，日本図書館協会，1963

「使い分け行動に基づく図書館の特色と利用者意識について－居場所としての図書館計画に関する研究　その2」秋野崇大，中井孝幸『地域施設計画研究』30，日本建築学会，p.127-136，2012.7

「特集　東日本大震災と図書館－支援活動」『図書館年鑑　2012』日本図書館協会，2012

「図書館を含む複合施設における平面構成と利用者属性からみた居場所形成－複合施設における居場所形成からみた『場』としての図書館に関する研究　その1」村瀬久志，中井孝幸『地域施設計画研究』35，日本建築学会，p.187-194，2017.7

『図書館が危ない！　地震災害編』神谷優著，西川馨監修，エルアイユー，2005

『図書館空間の創造　日本図書館協会建築賞作品集　1985-2006』日本図書館協会施設委員会建築図集編集委員会編，日本図書館協会，2007

「図書館建築　そのデザインの変遷」冨江伸治『図書館雑誌』2008年6月号（特集・デザイン－場としての図書館）

「図書館建築考現学　その39　PFIによる図書館整備」植松貞夫『Better Storage』No.169，日本ファイリング社，p.4-7，2006

『図書館建築発展史』西川馨著，丸善プラネット，2010

「2．図書館における採光・照明計画」柳瀬寛夫，日本図書館協会施設委員会編『第23回図書館建築研修会　図書館のインテリアデザインと室内環境』日本図書館協会，2001

「図書館における時刻推移と利用者属性からみた場の選択について－居場所としての図書館計画に関する研究・その1」秋野崇大，中井孝幸『地域施設計画研究』29，日本建築学会，p.191-198，2011.7

「図書館における利用者属性からみた座席の選択行動と過ごし方－『場』としての公共図書館の施設計画に関する研究　その1」中井孝幸，秋野崇大，谷口桃子『日本建築学会計画系論文集』Vol.82，No.741，p.2767-2777，2017.11

『図書館による町村ルネサンス　Lプラン21－21世紀の町村図書館振興をめざす政策提言』日本図書館協会町村図書館活動推進委員会編，日本図書館協会，2001

「図書館のある複合施設での利用調査から考える『ゆるやかな機能連携』」中井孝幸『図書館雑誌』Vol.110，No.4，p.222-225，2016.4

「図書館のある複合施設における利用実態に関する研究」丹羽一将，渡邉裕二，中井孝幸『日本建築学会学術講演梗概集』建築計画，p.413-414，2014.9

『図書館の施設と設備』（現代図書館学講座　13）栗原嘉一郎，小川俊彦，菅原峻，
　　冨江伸治，中村恭三，東京書籍，1988

「図書館の設置及び運営上の望ましい基準」文部科学省
　　（http://www.mext.go.jp/a_menu/shougai/tosho/001/__icsFiles/afieldfile/2013/01/31/1
　　330295.pdf，最終参照日2019.10.15）

「図書館の特色による利用者の館内行動について：場選択と利用者意識からみた図
　　書館計画に関する研究・その2」神永侑子，田中雄一郎，秋野崇大，中井孝幸
　　『日本建築学会東海支部研究報告集』第50号，p.473-476，2012.2

『図書館ハンドブック　第6版』日本図書館協会図書館ハンドブック編集委員会編，
　　日本図書館協会，2005

「図書館向けデジタル化資料送信サービス」国立国会図書館
　　（http://www.ndl.go.jp/jp/use/digital_transmission/index.html，最終参照日2019.10.15）

『図書・図書館史』（JLA図書館情報学テキストシリーズⅢ　11）小黒浩司編著，日
　　本図書館協会，2013

『日本の図書館−統計と名簿2018』日本図書館協会編，日本図書館協会，2019.2

『日本の最も美しい図書館』立野井一恵，エクスナレッジ，2015

『バリア・フリーの生活環境論』野村みどり編，医歯薬出版，1992

『PFI神話の崩壊』尾林芳匡・入谷貴夫，自治体研究社，2009

「複合化した図書館における共有空間について−『場』としての図書館計画に関する
　　研究　その2」渡邉裕二，丹羽一将，中井孝幸，秋野崇大，服部佳那子『日本建
　　築学会東海支部研究報告集』第52号，p.537-540，2014.2

「複数設置地域における利用圏域の広がりと使い分け行動に関する研究」村瀬久志，
　　中井孝幸ほか『日本建築学会東海支部研究報告集』第55号，p.409-412，2017.2

『平成29年度国立国会図書館年報』国立国会図書館編
　　（http://ndl.go.jp/jp/publication/annual/index.html，最終参照日2019.10.15）

『本で人をつなぐ　まちライブラリーのつくりかた』磯井純充，学芸出版社，2015

『マイクロ・ライブラリー図鑑』磯井純充，まちライブラリー文庫，2014

『ユニバーサルデザインの仕組みをつくる』川内美彦著，学芸出版社，2007

『よい図書館施設をつくる』（JLA図書館実践シリーズ　13）植松貞夫，冨江伸治，
　　柳瀬寛夫，川島宏，中井孝幸，日本図書館協会，2010

「ラーニングコモンズのある大学図書館における学習環境の整備に関する研究　そ
　　の1−2」中井孝幸，楠川充敏『日本建築学会大会学術講演集』建築計画，p.123
　　-124，p.125-126，2017.9

「利用圏域の二重構造に基づく疎住地の図書館計画に関する研究」中井孝幸，学位
　　論文，2000.7

『わかる！図書館情報学シリーズ　第5巻　公共図書館運営の新たな動向』日本図
　　書館情報学会研究委員会編，勉誠出版，p.117-139，2018

索　引

執筆者紹介

（UNIT 執筆順）

中井　孝幸（なかい　たかゆき）
　　所　　属：愛知工業大学
　　関心領域：図書館利用圏域，図書館内での利用行動
　　主要著作：『よい図書館をつくる』（共著，JLA 図書館実践シリーズ　18，日本図書館協会，
　　　　　　　2010）
　　　　　　　『公共図書館運営の新たな動向』（共著，わかる！図書館情報学シリーズ　第 5 巻，
　　　　　　　勉誠出版，2018）
　　担　　当：UNIT 0，2 〜11，23

川島　　宏（かわしま　ひろし）
　　所　　属：(株)栗原研究室
　　関心領域：図書館施設，災害対策
　　主要著作：『よい図書館をつくる』（共著，JLA 図書館実践シリーズ　18，日本図書館協会，
　　　　　　　2010）
　　　　　　　「特集　東日本大震災と図書館−支援活動」（『図書館年鑑2012』日本図書館協会，
　　　　　　　2012）
　　担　　当：UNIT 1，19〜22，24

柳瀬　寛夫（やなせ　ひろお）
　　所　　属：(株)岡田新一設計事務所
　　関心領域：図書館建築の設計，内装，家具，色彩計画，ワークショップ
　　主要著作：『よい図書館をつくる』（共著，JLA 図書館実践シリーズ　18，日本図書館協会，
　　　　　　　2010）
　　主要設計：気仙沼図書館・気仙沼児童センター，北茨城市立図書館，八千代市立中央図書
　　　　　　　館・八千代市市民ギャラリー，日進市立図書館，新潟市立中央図書館，あきる
　　　　　　　野市立中央図書館，あきる野市立東部図書館エル　など
　　担　　当：UNIT 12〜18，25

（所属は2019年 4 月現在）

図書館施設論

JLA 図書館情報学テキストシリーズⅢ　12

・・

2020年3月20日　［シリーズ第3期］初版第1刷発行 ©
定価：本体 1,300円（税別）

共著者・・・・・・・・・・・・・・・・・・・・中井孝幸・川島宏・柳瀬寛夫
シリーズ編集・・・・・・・・・・・・・塩見昇・柴田正美・小田光宏・大谷康晴

発行・・・・・・・・・・・・・・・・・・・・・・・公益社団法人 日本図書館協会
　　　　　　　　　　　〒104-0033　東京都中央区新川1丁目11−14
　　　　　　　　　　　TEL 03-3523-0811（代）
　　　　　　　　　　　〈販売〉TEL 03-3523-0812　FAX 03-3523-0842
　　　　　　　　　　　〈編集〉TEL 03-3523-0817　FAX 03-3523-0841
印刷・・・・・・・・・・・・・・・・・・・・・・船舶印刷株式会社
ブックデザイン・・・・・・・・・・笠井亞子

JLA201928
ISBN978-4-8204-1917-4　　　　　　　本文用紙は中性紙を使用しています。Printed in Japan.

JLA図書館情報学テキストシリーズ Ⅲ

●シリーズ編集● 塩見 昇・柴田正美・小田光宏・大谷康晴　　B5判　並製

1～10巻, 別巻は50ユニット, 約260ページ
11, 12巻は25ユニット, 約150ページ

JLA図書館情報学テキストシリーズ（第1期[※印]・第2期[※印以外]）

B5判／並製
1,3,4,7,9,10巻は50ユニット, 約260ページ
2,5,6,8,11,12巻と別巻は25ユニット, 約150ページ